10岁开始学古文

审美篇

李倩 著

中信出版集团 | 北京

图书在版编目（CIP）数据

10岁开始学古文.审美篇/李倩著.--北京：中信出版社，2023.11（2025.5重印）
ISBN 978-7-5217-5337-0

Ⅰ.①1… Ⅱ.①李… Ⅲ.①文言文-小学-教学参考资料 Ⅳ.①G624.203

中国国家版本馆CIP数据核字（2023）第026018号

10岁开始学古文（审美篇）

著　　者：李倩
出版发行：中信出版集团股份有限公司
　　　　　（北京市朝阳区东三环北路27号嘉铭中心　邮编　100020）
承　印　者：北京启航东方印刷有限公司

开　　本：787mm×1092mm　1/16　印　　张：13.5　字　　数：160千字
版　　次：2023年11月第1版　　　　印　　次：2025年5月第5次印刷
书　　号：ISBN 978-7-5217-5337-0
定　　价：49.80元

版权所有·侵权必究
如有印刷、装订问题，本公司负责调换。
服务热线：400-600-8099
投稿邮箱：author@citicpub.com

序言

美的剪影

文 / 林特特

李倩是我的编辑,我们因工作结识,工作完成后,顺理成章成为朋友。

我们认识不久,我便从北京迁往上海,每次回京,只要有空,我都会和李倩约一约,我们的"节目"包括但不限于——

在她朝南的客厅,享受阳光。

与她的邻人、朋友共享她亲手烹制的美食。有一次,竟然还每人领到一份李倩用隽永小楷写在洒金笺上的菜单。

第一场雪后,在皇城根下某老字号,铜锅涮羊肉。

在红领巾公园,对着茫茫芦苇荡,感受晚风荡漾。

在博物馆,前前前……朝出土的兵器,令我们长长叹息:"折戟沉沙铁未销,自将磨洗认前朝。"

一天晚上,我们绕着朱红宫墙,散了一圈又一圈步,空中悬着一枚冷月,远远听见桥上有人在吹箫。

…………

总之，和李倩有关的片段都是美的，符合中式审美的。

李倩在少年得到 App，做了几季文言文课。课程一上线，我便跟着孩子一集不落地听完，在这之后，还重温好几遍。

坦白地说，李倩解读的古文，我并不陌生，但通过她的整理、策划、提炼和解析，我看出了新意。一篇篇古文只是她的素材，经过重新组装，成为以文言文为切口、徐徐展开的一幅关于中国文化和历史的瑰丽画卷。千里江山、千古风流人物，尽在其中。

画卷中，一个又一个美丽的剪影，在我眼前，挥之不去。

比如，一千一百年前，吴越国的夫人吴氏。春天，她握着夫君写给她的短笺，走在开满野花的小道上，心情愉悦，步伐从容。

她的丈夫钱镠是吴越国君，日理万机，忽然想起远归娘家的夫人，心生思念，写下九字情书："陌上花开，可缓缓归矣。"九个字背后，是钱镠的深情、体贴和浪漫。

"'缓缓归'一句，表明钱镠既想夫人快点回来，又很尊重她，不好意思催，还很体贴她，提醒她看风景。九个字，就把这种矛盾的心理全写出来了。"

这是钱镠的体贴。

"为什么说'陌上花开，可缓缓归矣'最能代表中国人的感情？因为它又含蓄又热烈。

它说的是，田间小路上的花都开了，你可以慢慢回来了。钱镠说的不只是路上的花开了，他还有一句自己的希望：你可以慢慢回来了。虽然他很想念夫人，但他说的是，你慢慢走啊。潜台词是，你可以看看路边的花。"

这是李倩带我们看到的，属于中国人的深情和浪漫。

又比如，两千多年前，易水河边，"就车而去，终已不顾"的荆轲。他的剪影，慷慨，决绝，自带萧瑟。

在李倩对《史记》中关于荆轲文字的解读里，她描摹了荆轲辞别众人时的悲壮画面。

刺客荆轲，本着"士为知己者死"的信仰，背负燕太子丹的重托，带着匕首和随从，远赴秦国，刺杀秦王嬴政。荆轲在易水边，唱了一首歌，唱得悲凉婉转、调子低回，唱到"风萧萧兮易水寒，壮士一去兮不复还"，荆轲的声音变得激昂。

李倩抓住两个细节：其一，送行的人都很受震动，"发尽上指冠"，意为"头发都竖起来顶起了帽子"，她解释："你大概也有这样的感觉——特别受感动的时候，热血上头，也会觉得头皮发麻，像是头发都竖起来了一样。"其二，"荆轲就车而去，终已不顾"。李倩表示："在我们的日常生活中，一般的送别，如果依依不舍，离开的人总会频频回头，但荆轲慷慨赴死的决心很大，他横下心来，再也不回头看朋友们一眼。"

至于荆轲为什么让人感动，李倩分析："荆轲这个人，大概是中国文化里比较早的侠义之士的形象。也许你看过一些武侠小说，武侠小说里的英雄人物，常常有荆轲这样的担当和气魄，为了完成某个使命，他们能够慷慨赴死。他们不是不珍惜自己的生命，而是觉得，这个世界上有一些事情，值得用生命去捍卫、去保护、去争取。"

是啊，荆轲不是一个成功者，事实上，他出发时，对是否成功毫无胜算，失败的概率大于成功，然而，明知不可为而为之，虽千万人吾往矣的气魄和担当，不正是我们怀念荆轲，仰慕他的理由吗？

在李倩展开的画卷中，最令我神往的是一组群像，一群人的模糊剪影,怡然自得、风流婉转。

在聚会主题的板块,李倩选取一千六百多年前王羲之的《兰亭集序》为素材,为案例。

她稍做交代,"兰亭"是一个亭子,位于今天浙江绍兴的会稽山。"集"是集会,当然这次是古代读书人的集会,所以是"雅集"。参加这次聚会的人,包括王羲之,总共有四十一个人,都是当地很有名的文人、官员,包括后来成为东晋宰相的谢安。

她抓重点,将王羲之笔下聚会之地的美景详细描绘,"此地有崇山峻岭,茂林修竹,又有清流激湍,映带左右,引以为流觞曲水,列坐其次",即大家在大自然当中。"周围是崇山峻岭,有树林又有竹子,还有溪水,这样的美景,真是让人心旷神怡。"

他们在玩一种游戏,"流觞曲水",大伙儿坐在弯弯曲曲的小水渠边,把酒杯放进水里,杯子顺流而下,漂到谁跟前,谁就拿起来喝酒。而且,还要边喝酒边作诗。

王羲之在文中说:"是日也,天朗气清,惠风和畅。仰观宇宙之大,俯察品类之盛,所以游目骋怀,足以极视听之娱,信可乐也。"李倩总结,古人开派对,为什么要选在露天?因为跟大自然挨得近,抬头很容易看到宇宙的浩瀚寥廓,低头也随处可见世间万物。在大自然里,人的心情就会变得轻松愉快。

"这也是中国古人的生活智慧,把宴饮雅集搬到大自然中去。现代心理学就有过观察实验,发现人在大自然里,更容易心情愉悦。出去旅行,你也许遇到过这样的场景:屋子里明明有座位,可大家就是更喜欢在露天座位上,一边吃喝,一边欣赏风景和来来往往的人。阳光明媚的时候,也总有人在草地上野餐。在室外吃吃喝喝,哪怕只是吃一个汉堡，喝一杯咖啡，人也会觉得很幸福，这就是天然之美给人带来的幸福感。

"下一次，不管这一天的天气是阳光和煦还是微风细雨，这一天是过节还是普通的一天，你都可以出门，到大自然中，到阳光里、细雨中，用心体会一下这天然之美。"

听到这儿，我忽然想穿越回古代，去那条弯弯曲曲的水边，做一个奉酒的使女赶上那场盛会。

当然，我也忽然明白，为什么每年春天，李倩总要邀上二三友人在京郊的公园、有水有花处，看花瓣飘落在流水中，吹着风，打开野餐篮，那是对她所欣赏的古人的生活方式的一种遥祝、呼应、践行。

类似的人物、细节、智慧、风景，在李倩的古文课中比比皆是。

你会发现，在古代中国人的生活中，吃饭是学问，喝酒是学问，独处是学问，社交是学问，送礼是学问。

四季更迭值得体验，人在自然中值得歌颂，聚值得珍惜，散值得珍重。

古文课，不只是一篇篇文章，一个个故事，一桩桩典故……还是壮阔画卷中呈现出的一帧帧美的剪影，教你拥有一双慧眼，一颗灵心。

"传道者必先践行自己的道"。能践行道，再去传道的人，道才可信。

李倩在生活中坚持美，坚持中式审美，她曾戏填过一首《天净沙》："暖炉明灯沙发，矮桌曲奇红茶，陋室偏厅小画。闲书一架，铲屎官换猫砂。"

这是她真实的生活写照，闲适、优雅。她在课堂中，文字中，传递、传授它们，听的人，读的人，方能精准接收，发扬光大。

说个送礼的段子吧！

有一年春天，我收到一份礼物，李倩送的，是一箱芬芳红润的桃。她认领了一棵桃树，并且给它起名叫作"夭夭"，桃树上挂着她的名牌，桃子丰收后，被她分送给诸位亲朋好友。这份礼物，别致、特殊、贴心、绝无仅有。

我拿了一个桃递给我的孩子，我说，这是李倩阿姨送的，产量有限，非常珍贵。孩子第一反应是："有限？珍贵？""是'奉橘三百枚，霜未降，未可多得'那种珍贵吗？"他捧着桃子，奶声奶气，自然而然说出一句古文的样子，让我心中一动。而王羲之送友人的"奉橘三百枚，霜未降，未可多得"的典故，正是李倩的古文课中，用于证明为何土特产特别受人欢迎的案例。

陌上花开，缓缓归矣的少妇剪影；慷慨悲歌，绝不回头，壮士的剪影；曲水流觞，文人雅客怡然自得的剪影；暖炉明灯沙发边现代仕女的剪影；稚气小儿捧着水果吟诵古句的剪影，重重叠叠，直至重合。

我想，这就是学习传统文化的最佳方式吧，知晓、消化、领略、传承、自然流露。

是传递，也是延续。

前言

有一款酒的名字，叫"白云边"。这三个字很平常吧，小学一年级的同学都认识。但如果你读过唐诗，熟悉李白，就会觉得这三个汉字放到一起特别美。为什么呢？因为李白的诗里写过"且就洞庭赊月色，将船买酒白云边"。

每当听到"白云边"这三个字，我的脑海里就会出现烟波浩渺的湖面，轻快的小船，皎洁的月色，画面很美。我甚至会猜想，这个酒厂，可能在洞庭湖附近。如果有人拿"白云边"这三个字出个作文题，我会洋洋洒洒写上好大一篇呢。

所以，如果懂古文，哪怕是简简单单的"白云边"三个字，就能打开一个广阔的和中国文化历史相连的空间。

要我说，古文不但不沉闷，而且是真的有意思。

今天的孩子之所以觉得古文沉闷，通常是因为古文里的内容离现代生活太远了。这一次，我负责把它们和你拉近。所有的大人都做过孩子，所有的古人也都要吃饭读书，也都有朋友家人。当然，他们跟你一样，也有欢喜悲伤和英雄梦想，这些离你、离我都非常近。

这本书一共有28讲，我精心挑选了45段古文，有出现在课本上的经典名篇，比如庄子的《逍遥游》、苏轼的《赤壁赋》等，但我会从不同的角度带你进入这些名篇，课堂上老师可不一定会讲到。还有相当多篇目，是课本里没有，甚至很多成人也没有读过的。但它们都特别有意思，比如古人喜欢吃什么，怎么送礼，怎么跟人借钱，怎么夸一个人好看，怎么去郊外玩，甚至怎么写一封告别信……

读了这些，你会发现，古人可一点都不闷，反而有趣得很。从这些离我们日常生活很近的内容入手，你就会愿意读更多的古文。当你的阅读量大了，读古文的能力自然就提高了。

至于读不懂的问题，我就要发挥自己读语言学专业的优势了。虽然古汉语发展到今天发生了很大变化，但语言的演变可不是胡乱变的，它是有系统性的。在这本书里，我不会教你死记硬背知识点，而是会告诉你一些道理和规律，甚至是和其他语言做比较去理解。比如，我不但会告诉你太阳的"阳"，在古文里有什么特殊含义，还会教给你它的偏旁——左耳旁是什么意思。了解了它，就能掌握好多左耳旁的字了。理解了的东西，不用死记硬背，就能举一反三。

这本书的篇目安排，是从易到难、循序渐进的，我会从人们身边的日常小事、人情世故，讲到家国大义、生命理想和宇宙星辰，希望这些经典名篇能早早地跟你的人生发生化学反应，帮助你做一个更有内涵的人。而且，我选的古文，篇幅都比较短，最长的《兰亭集序》节选，也才124个字。很多段落，你可能看完一遍就记住了。它们就是你理解古文的第一把钥匙。

学好语文有两大法宝，一是大量阅读，二是坚持写作。在这本书里，每讲完一篇古文，我都安排了有针对性的写作小练习。别紧张，不是要你长篇大论，而是帮你从古人的名篇里"偷师"，一边模仿，一边创造。

当然，这本书可不仅仅能帮你应对考试。一个人，上学、考试才多少年，我们做中国人可得做一辈子呢。一个中国人，可不能不懂中式审美。

这本书，就帮你总结了中文审美的五大模型：天然、平和、婉转、寥廓和悲慨。我为你精挑细选的古文篇目，其实是每种审美模型的典型样本。熟读它们，再读别的古文，甚至是观察分析世界时，就有了一个快速判断理解的着力点。

比如，你理解了中文里的平和之美，你一眼就能看出来，那些国潮风的服装里，谁的设计更高级，谁还是低段位；理解了悲慨之美，就算是在游戏里选角色，也会有自己独立的价值判断。有了对古典美的基本理解，就可以应用在工作、生活的方方面面。

说了半天，古文到底有多美？我想先来带你认识两句话。

在我看来，这两句话是古往今来汉语中最美的两句话。

陌上花开，可缓缓归矣。

子在川上曰："逝者如斯夫，不舍昼夜。"

前一句是说，田间小路上的花开了，你可以慢慢回来了。后一句是，孔子站在河边说："逝去的时间就像这河水一样啊，昼夜不停。"

这两句话恰恰勾勒出了中文之美的两极：一是婉约含蓄，二是苍茫豪放。

期待你打开这本书，读下去，听我给你细细解说，它们到底好在哪儿，美在哪儿。

目录

开篇

1 一句婉约的话暖了一千年 • 01
2 圣人孔子的豪放时刻 • 08

第一章 · 天然之美

3 当季滋味最鲜美 • 16
4 为什么土特产是好礼物 • 24
5 山居岁月，田园梦想 • 31
6 简单生活，从容自在 • 37
7 一场山水之间的文人聚会 • 43
8 为什么古人崇尚自然 • 51

第二章 · 平和之美

9 不偏不倚才最美 • 60
10 夜色激发创作灵感 • 67
11 无情未必真豪杰 • 74
12 家常闲话最深情 • 81
13 处变不惊的从容 • 88
14 关于美好社会的想象 • 96

第三章·婉转之美

15　掌握比喻的力量　●　104
16　没有对比就没有伤害　●　112
17　骂人和夸人的艺术　●　119
18　如何体面地谈钱　●　126
19　如何使用外交辞令　●　133

第四章·寥廓之美

20　大国的心理尺度　●　142
21　人在天地间　●　148
22　至大至刚的浩然之气　●　156
23　四平八稳的对称　●　163

第五章·悲慨之美

24　上古神话的悲剧基调　●　172
25　千古悲歌易水寒　●　177
26　客途和离别最动人　●　184
27　求之不得，最是难忘　●　191
28　英雄是怎样炼成的　●　196

1 一句婉约的话 暖了一千年

怎样说话，能温暖人心，还能温暖一千年？

古人说话，既含蓄又热烈。

有一句话，很能代表中国人的情感。

一句话，暖了一千年。

与夫人书　　钱镠①

陌②上花开，可缓缓归矣。

① 镠：读 liú。　② 陌：小路。

田间小路上的花都开了，你可以慢慢回来了。

古文今读

这句话在我看来是汉语中最美的两句之一。

你可能有点奇怪，路上开朵花，很平淡啊，怎么就是最美的呢？

首先，这句话的背后有个爱情故事。

说这句话的人，是吴越王钱镠，他创建了五代十国时期的吴越国，离我们今天1100多年。吴越国是个小国，在今天的江浙一带。

钱镠谥号"武肃"。所谓谥号，是古人去世后别人评价他的特殊称号，一个人活着的时候可不能这么叫他。钱镠的谥号里都是美谥，又是"武"又是"肃"，这么来看，好像挺能打仗，而且还挺谨慎。确实，历史上他管的地方虽然不大，但国家治理得不错。论丰功伟绩，钱镠当然比不上汉武帝、唐太宗，不过，就凭着"陌上花开"这一句话，他大概算得上一个重情义的"暖男"。

这句话，又朴素，又深情。

这句话出自钱镠写给他夫人的信。钱镠的夫人吴氏，原本是一个农家姑娘。出嫁以后跟着钱镠南征北战，半辈子担惊受怕。后来即便当了王妃，还是惦记家乡，每年春天都要回娘家住一阵子。

有一年，吴氏又回了娘家，钱镠在杭州处理公务，大概是夫人去的时间长了，眼看西湖边上春光无限，不由得心生思念，就提笔写了这封信。

这个故事收录在一本叫《历代名人短笺》的书里，短笺就是短信。我宁可相信，这封信就只有这么一句："陌上花开，可缓缓归矣。"这句话，是我认为最能代表中国人情感的一句话。这是什么样的情感呢？我给你举一个例子。

"我爱你"这句话用英文怎么说？"I love you"。日本著名作家夏目漱石，年轻的时候当过英文老师，他曾经给学生出题，让大家把英文里的这句"I love you"翻译成日语，学生就照着字面意思翻译了。夏目漱石说，不对不对，日本人怎么可能讲出这样的话，只需要说"今晚月色很好"就够了。

为什么我说"陌上花开，可缓缓归矣"最能代表中国人的感情？因为它又含蓄又热烈。

它说的是，田间小路上的花都开了，你可以慢慢回来了。

钱镠说的不只是路上的花开了，他还有一句自己的希望：你可以慢慢回来了。虽然他很想念夫人，但他说的是，你慢慢走啊。潜台词是，你可以看看路边的花。

要知道，钱镠南征北战，是个武将。如果是一般的将领，想夫人了，就派人把她接回来呗。要不就写："归归归，速归！"

可"缓缓归"一句，表明钱镠既想夫人快点回来，又很尊重她，不好意思催，还很体贴她，提醒她看风景。九个字，就把这种矛盾的心理全写出来了。

尽管是古文，但"陌上花开，可缓缓归矣"这九个字，都不难。就算你再不懂古文，也能看个八九不离十。

但这九个字，没有一个字不讲究。这种讲究，又是出自天然，没有什么修饰，这是最难得的。同样的意思，即便在苏东坡这样的大文豪手里，也未必有它说得好。

苏东坡写过凭吊吴越的诗，化用了这个典故，还一气儿写了三首。其中一首是这样写的：

陌上花开蝴蝶飞，江山犹是昔人非。

遗民几度垂垂老，游女长歌缓缓归。

苏轼说，春天时节，陌上鲜花盛开，蝴蝶飞舞。山河还是那个山河，但人已经不一样了。吴越王朝的遗民已渐渐衰老，但游女们仍在唱陌上花开的歌曲。

如果没有钱镠这句诗在前，苏东坡这首诗也还不错。但两相比较，苏东坡这二十八个字，就比钱镠的九个字啰唆多了——他只是在笼统地怀古，而没有一个具体的人可以寄托深情。

接下来，咱们从爱情故事里岔开一点，来看看这两句诗里你可能最陌生的一个词——陌上。先理解"陌"这个字，看看它的偏旁——左耳旁，有什么特别。

"陌上"，简单讲就是路上，指的是田间小路。有一首很出名的古诗叫《陌上桑》，诗里说的是有人在路上遇到一个叫罗敷的采桑女。《陌上桑》这个题目，指的就是乡间小路上的桑树。

既然"陌上"就是路上，路上遇到的人，就是不认识的路人，自然是陌生的。从小路的意思引申出来"陌生"的意思，也挺有道理。

还有个成语，叫作"阡陌纵横"。在中国的先秦时代，大概两千多年前，"阡"跟"陌"这两个字，虽然都指田间小路，但具体方向不一样。"阡"是南北方向的小路，"陌"是东西方向的小路。所以，阡陌纵横的意思，就是田间小路南北东西交错的样子。

知道了"陌"这个字的意思后，我们来看看它的偏旁，左耳旁。

其实，每个汉字都有它刚刚产生时候的本义，有的汉字会不断引申发展，等你看到它的时候，已经面目全非，就读不懂了。我会像侦探一样，带你摸清一个字的来龙去脉。这是古文最有意思的地方，也是读懂古文的诀窍。

汉语里有左耳旁的字,很多跟地形地貌有关系。比如,"阳",它最初的意思并不是"太阳",而是指一类地方。什么地方呢?山南水北,意思就是山的南边,水的北边。

山南水北为什么是"阳"?咱们从地理上来看,有山就可能有河流汇集。在我们北半球,山的南边自然是阳光照射更多的地方,河流的北面也是阳光照射更多的地方。

如图所示,你一看就能明白了。古代的城市往往依山傍水而建,大多位于山的阳坡。比如说,湖南的衡阳在衡山之南,河南的洛阳在洛水之北。所以,你可以推想一下,沈阳、咸阳、益阳这些从古至今流传下来的地名,大概位于什么地理环境。

而有左耳旁的字,也往往都和地形地貌有关。

山南水北示意图

"陌上花开,可缓缓归矣",虽然是一千多年前吴越国的君主写给夫人的话,但直到今天,这句话仍然活在我们的生活里。

如果有人拿它作社交媒体的签名档,你可以猜猜看,这个人是不是有什么不便明说的感情;再比如,春天你想家了,也可以感叹这么一句;如果你有个朋友在很远的地方,你很久没见他了,也可以对他说这句话。

2 圣人孔子的豪放时刻

温暖婉约是一种美，豪放大气是另一种美。

一阴一阳，两相对照，格外有意思。

逝者如斯夫　　《论语》

子在川①上曰:"逝者②如斯夫,不舍昼夜。"

① 川:象形字,左右是岸,中间是流水,像河流的形状。本义指河流与河道。
② 者:指代人或物,这里的"逝者"指流逝的时光。

孔子站在河边感慨:"逝去的时间就像流水啊,白天黑夜不停息。"

古文今读

这句话，出自中国古代一本很重要的经典《论语》，通过这句话，你会了解古人是怎么看待时间的。

读到这一句，我脑海中浮现的完全是一组电影镜头：先是远景，一个老人家，站在河岸边，只能看到他的背影；黄昏时分，太阳正要落山，残阳如血。然后镜头拉近，看到河水奔腾不息。再接一个特写，老人家感叹道："逝去的时间就像流水啊，白天黑夜不停息。"

这么丰富而且有动感的电影画面，古人用十四个字就说完了。环境、人物、语言和气氛全都交代了。

为什么说这句是豪放风格？你看，一个人对着大河奔涌，感慨"逝者如斯夫"，时间一去不回；还觉得不够，又补充了一句"不舍昼夜"，白天黑夜不停息。人面对时间流逝，那种巨大的孤独感，像山一样推过来。这句话的主题、场景和情感，都非常豪迈大气。

那你知道这个站在河边发感慨的老人家是谁吗？没错，是孔子。这句话，多半是他讲给身边的学生听的。

孔子是中国古代第一位职业老师，传说他有弟子三千，其中最优秀的有七十二人。古人上学，都要先拜一拜孔子像。北京有个国子监，那是中国古代的最高学府。现在国子监的院子里，还立着一尊孔子的雕像。孔子过世以后，学生们一起回忆老师说过的话、做过的事，你一段，我一段，《论语》这本书就整理了出来。

几乎差不多的时间，类似的事情也发生在古希腊，有位名叫苏格拉底的哲学家，他跟孔子一样，也是伟大的教育家、思想家。今天我们能了解他的思想，也是因为他的学生将当时的对话记载了下来，著名哲学家柏拉图就是其中一位。

孔子站在河边感叹时间像流水一样，很了不起吗？

当然。时间是很抽象的东西，看不见摸不着，即便对于现代人来说，如果不看手表不看手机，你真的能意识到时间的流动吗？而且你还能像孔子一样，知道时间过去了就再也回不来了吗？时间的这种属性，我们现代人称之为"不可逆"。你的昨天，你的童年，过去了就是过去了，不管多美好的时光，也不可能再回来，就像河水不会倒流一样。

要知道，把时间比喻成流水的孔子，可是活在两千五百多年前。第一次对抽象的时间做出这样的比喻，真是很巧妙。

古希腊哲学家赫拉克利特也有过类似比喻："人不可能两次踏进同一条河流。"因为河水是流动的，每一分每一秒都不同。时间过去了，河水流过了，就再也没有办法回到从前。

发现和感知时间，这意味着对世界根本问题的思考。两千多年前，中国的一位老人家站在大河边思考；十七世纪，大科学家牛顿在星空下思考；直到现在，时间仍然是个很深奥的哲学和物理命题，2018年去世的物理学家霍金，他最著名的一本书就叫《时间简史》。

说完了孔子对于时间的深刻理解，我们再来认识两个有趣的字。

第一，"子在川上曰"的"川"。孔子是站在河边说话的。看到"川"这个字，可别以为孔子是站在四川省说这句话的，"川"的意思是大河。这个字笔画特别简单，就是竖着的三道，非常形象。

什么叫川？就是两边有河岸，中间有一道水。"川"就是一条河。有一条贯穿日本京都的大河，叫作鸭川。傍晚的时候，我真的在鸭川里看到很多野鸭。古代日本受中国文化影响很深，这种影响，到现在还保留在地名里。

在孔子的时代，不是没有"河"这个字，为什么这里用"川"而不是用"河"呢？因为那时候，"河"专门指黄河。而且，孔子的时代，黄河还是很清的，根本不叫黄河。

《诗经》里就说过，"河水清且涟漪"，可见在西周到春秋的时候，黄河水是相当清的。到了战国后，黄河开始变得浑浊，之后泥沙越积越多。到了唐宋时期，这条孕育了华夏文明的大河，就被直接叫作黄河了。

所以，你读唐以前的古文，如果出现"河"这个字，它指的就是黄河。别的河呢，有的叫川，有的叫水。比如秦川，比如渭水。

第二，"者"这个字。孔子在河边说了什么呢？"逝者如斯夫，不舍昼夜"。你一定听人说过，古文就是"之乎者也"，可见"者"这个字，在古文里出现得有多频繁。

当你在古文中看到"者"，它的意思很可能是"什么人"，或者"什么东西"。到底指人还是东西呢，得根据上下文判断。比如这句里头的"逝者"，就是指流逝的东西。逝者，也可以指已经过世的人，这个说法，我们现在还在用，比如要是发生了重大的灾难，我们会说"逝者安息"。

在英语里，工作的单词是 work，给 work 加上 -er 的后缀，就变成了工作的人，worker。在汉语里，"记"是表示记录的动作。有一种人，专门负责打听事儿然后记下来，这些人就是"记者"。

古文里的"者"，跟英语里的动词加后缀变成名词的构成方式是一样的。下次，你在古文里看到"者"，就想想跟它前面那个动词或形容词有关的人或者东西，你就更容易明白它的意思了。

在我的印象里，孔子是个笑眯眯的老头儿，总是苦口婆心地跟学生讲各种人生道理，也有点啰唆，偶尔有个学生睡午觉，也能把他气得够呛，说人家"朽木不可雕也"。

但这个老头儿运气不大好，活着的时候可没去世后那么风光，为了宣扬自己的主张，他到处奔走呼号，甚至曾经差点饿死，也挺狼狈的。可是，站在大河边感叹时间这一刻，我觉得，他确实是一位圣人。

"子在川上曰：'逝者如斯夫，不舍昼夜。'"这称得上是中文最苍茫壮阔的一句话。

说完了我心目中最美的两句古文，你是不是对古文的看法有一点不同了？想不想再多读一点？接下来，我会按照五个审美模型分类，用古文带你进入一个中国风的美妙世界。这五个模型，分别是天然之美、平和之美、婉转之美、寥廓之美和悲慨之美。读完这本书，希望你能对中国文化的独特之处有更深刻的体会。

清水出芙蓉，天然去雕饰。
天然，在古人眼里，
不仅仅是一种自然状态，
更是一种最高境界的美。

第一章·天然之美

3 当季滋味最鲜美

当你听说一样食物特别好的时候,多半听过"纯天然"这个词,广告里也经常这么说。

在食物上有这种纯天然偏好的人,不只有现代人,还有咱们的老祖宗。

葡萄 梁绍壬①

北地葡萄最美。有客问南中何以敌此。汪钝翁曰："橘柚秋黄，杨梅夏紫。此与'千里莼丝，未下盐豉，春初早韭，秋末晚菘②，同一风致。'"

① 壬：读 rén。
② 晚菘：深秋时候的白菜。千里莼丝，未下盐豉以及春初早韭、秋末晚菘分别指的是南方的特产和春秋时节的蔬菜。

北方的葡萄最好吃。有客人问，南方有什么好东西比得上葡萄？汪钝翁回答说："秋天黄澄澄的橘柚和夏天紫莹莹的杨梅。同样好滋味的，还有产自千里湖没放咸盐和豆豉的莼菜丝，初春时节的新韭菜，以及深秋时候的白菜。"

古文今读

　　这段话写得非常美，美到让人流口水，它出自清代一本叫《两般秋雨庵随笔》的书，书里记录了很多有意思的小故事。

　　我们之所以感觉美，与两组对仗的短句有关。对仗，也就是两句话字数相同，相应位置上的字意思相近或者相反。

　　句中第一组对仗，就是"橘柚秋黄，杨梅夏紫"。

　　橘柚指的是什么呢？它不是橘和柚这两种东西，而是一种大小介于橘子和柚子之间的水果，香气很浓，果肉特别柔软。

　　"橘柚"对"杨梅"，两种都是水果，而且这四个字全都是木字旁，看上去也特别整齐。"秋黄"对"夏紫"，不但点明了时间，还有色彩。所以在解读的时候，我们也要解读成整整齐齐的"秋天黄澄澄的橘柚"和"夏天紫莹莹的杨梅"。

　　另外一组对仗是"春初早韭，秋末晚菘"。

　　"菘"这个字你可能不熟悉，但这个东西其实很平常，就是大白菜。这组对仗精准地总结出了怎样的食物才是最好吃的，这位汪先生可真是个美食家。

　　春天的韭菜，我特别有体会。我的家乡在大西北，小时候冬天很冷，一年大概有将近五个月的时间树是秃的。整个冬天，我们只能吃土豆、萝卜、白菜，最多配点酸菜、咸菜，寡淡极了。

　　韭菜是春天里最早上市的绿叶蔬菜。所以每年开春，家里第一次买新鲜韭菜，只舍得下一小撮在面条里。我吃第一口，就觉得自己满嘴春天，那真是幸福感爆棚！

　　这位汪老先生说的"春初早韭"，就是这个意思，时间上不但得是初春，还得是掐尖儿的"早"，韭菜才好吃。白菜也一样，不但要等到秋末，还得"晚"。白菜是北方一年蔬菜的收尾，挨到秋末的最后一茬，那已经是霜降节气之后，白菜经过霜打，才又甜又脆。

原本最平常不过的韭菜、白菜，因为有了"春初""秋末"，以及一早一晚这些限定词，这么平常的东西也都让人感觉鲜到了极点。这就是时间的魔力。

现在，你能从汪老先生的这段评论里，总结出古人眼里什么东西最好吃了吗？

我觉得，最好吃的东西应当有三个核心的点。

第一是吃当季。秋天的橘柚，夏天的杨梅，春天的韭菜，深秋的白菜，时间点很重要。

第二是吃当地。因为土壤、气候这些风土条件不一样，即便时间对了，有些东西总是在特定的地方最好。比如，汪老先生这句话里还有一句"千里莼丝"。意思就是得是千里湖产的莼菜丝才行。千里湖在今天的江苏溧阳，它还有一个名字叫菁莼湖，可见这个地方真是产莼菜出了名。

第三是吃原味。"千里莼丝"后面跟了一句"未下盐豉"，就是告诉你还要清淡鲜甜。因为这里说"千里莼丝"是没放盐跟豆豉的时候最好吃。不放盐还好吃的莼菜丝，可见其鲜；霜打过的大白菜，会储存更多糖分，可见其甜。

这段话里提到几样吃的，大都很常见，你最不熟悉的东西或许就是莼菜了。这是一种长在水里的植物，叶子是椭圆形的，叶子背面有一种特殊的黏液，吃起来滑滑的。杭州有道名菜叫作莼菜汤，按照这段话的说法，没放盐之前最好吃。

现在很多人口味比较重,喜欢吃麻辣火锅之类的。我吃过莼菜汤,其实莼菜本身没什么味道,但不加盐,排除了其他味道的干扰,让舌头能够专心享受莼菜嫩芽那种滑溜溜、纯天然的感觉,的确是很高明的吃法。

别看莼菜没什么味道,在古人的文章里,它可是大大的有名。

关于莼菜,有一个特别有名的故事,说是有一个叫张翰的人,他是西晋时候的文人,曾经在洛阳做官,为人处世随心所欲,人称"江东步兵"。有一年秋风吹起的时候,他想起了家乡的莼菜汤和鲈鱼脍。什么是脍呢?就是切得很细的生鱼和生肉。作为一个现代人,你可能觉得日本料理里的生鱼片挺时髦的,其实,中国古人早就这么吃了。

想起莼菜汤和鲈鱼脍这两道家乡菜,张季鹰就感慨说,人生的意义在于顺心遂意,怎么能为了虚名,待在离家千里之外的地方当官呢?于是他就放着官不做,坐着车子回家了[①]。

后来我们还有了一个成语叫"莼鲈之思",讲的就是一个人想念家乡的风味。

在中国古代,对于大多数读书人来说,做官是最要紧的人生追求。像张季鹰这种因为嘴馋弃官不做的举动,就显得很特别,所以被后世的文人反反复复地写进了文章里。"莼鲈之思"这个成语,也就这么流传下来了。

在古代,朝廷怕本地出身的官员跟当地人勾结,谋取私利,所以往往不让一个人在家乡当官,而是把他派到离家乡较远的地方去。古

[①] 见《晋书·张翰传》:"翰因见秋风起,乃思吴中菰菜、莼羹、鲈鱼脍,曰:'人生贵适志,何能羁宦数千里,以邀名爵乎?'遂命驾而归。"

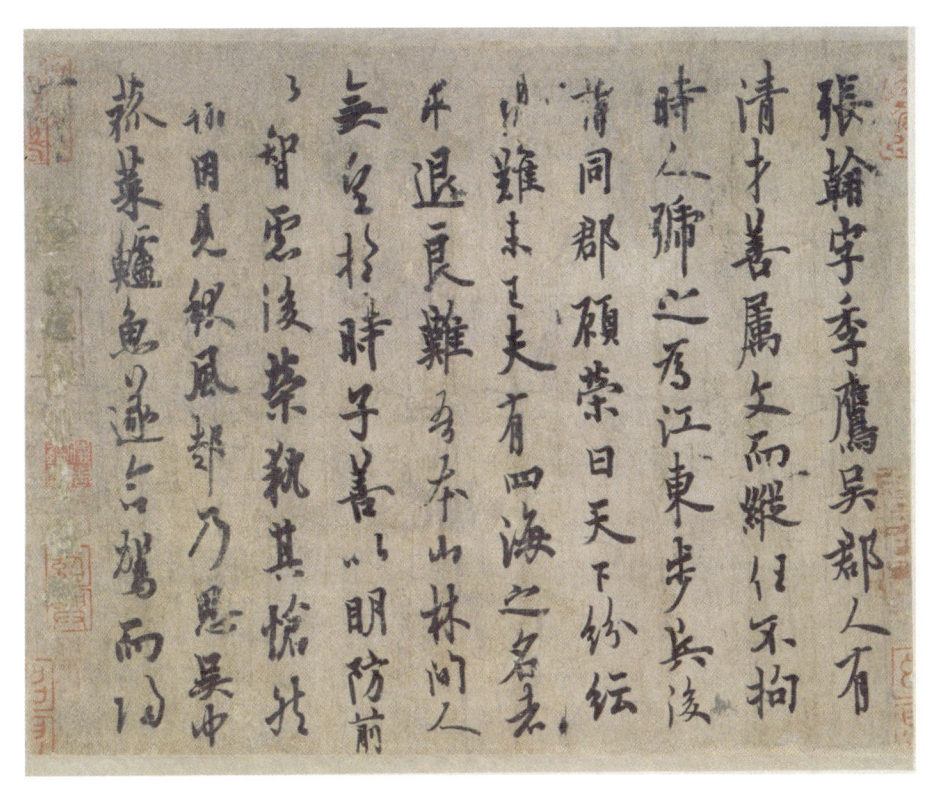

唐·欧阳询 《张翰帖》[1]

代可不像现在，食品可以保鲜快递寄送。一个人离开家乡，好些吃惯的东西就吃不着了。于是，一个人想念家乡可以变得很具体，不失为一种舌尖上的"乡思病"。

在古代社会，交通和贸易不发达，食品保鲜技术也不发达。所以，一样东西想要好吃，就只能在最合适的地方、最合适的时间去吃。只有杨贵妃那样受到皇帝宠爱的妃子，才能那么奢侈，享受用最快的马

---

[1]《张翰帖》也称《季鹰帖》，唐代欧阳询书。有"天下第七行书"之称，现藏于北京故宫博物院。帖中记叙了"莼鲈之思"的故事。

给她快递荔枝的特权。有句特别有名的诗,"一骑红尘妃子笑,无人知是荔枝来",说的就是这个抢时间的故事。

而如今,在很多大型超市里,绝大部分蔬菜,我们都能随时买到。物流水平和保鲜技术越来越发达,别说广东的荔枝,就是智利的樱桃,我们都能吃到。

有句话叫"好东西去远方"。越是顶尖、高价值的东西,越有可能被运到千万里以外的地方卖。

生活在现代大城市的人,受到季节和地域的限制越来越小,但同时,也就失去了每年春天吃第一口韭菜的那种幸福感。这是现代人的幸运,也是现代人的遗憾。也正因为这样,吃松茸、大闸蟹这类受季节限制比较大的食物,这几年又成了新的潮流。

我们今天的生活方式跟古人很不一样:我们用塑料大棚,打破时间局限,冬天也能种得出绿叶菜;我们施化肥,让蔬菜和粮食长得更快更壮;我们打农药,或者利用转基因技术,帮助农作物抵抗病虫害;最后,我们能通过快递把千里以外的东西送到自己面前。这些都是所谓"天然"的反面,但这些并不是坏事情。

吃当地、吃当季,这只是在自然农业时代,由于种种限制,不得已而形成的文化偏好。这个偏好,你放在古文里体会它的美感就好了,作为一个现代人,我们不妨安然享受现代生活的便利和丰富。

文学常识

对仗

一种修辞技巧,把同类或对立概念的词语放在相对应的位置上,使之相互映衬,增强词语表现力。简单来说,就是前后两句字数相等、词性相同、内容相近或相反。对仗分严对和宽对,一般只要句型相同、词性相同,就可算作宽对。

随笔

一种散文体裁,是随手记录生活、心情的文字,多为抒情、叙事或议论,篇幅短小。

学以致用

橘柚秋黄,杨梅夏紫,春初早韭,秋末晚菘,看似平常的文字,却能将事物描写得充满画面感又十分精练。你能否试着用这种方式描述一下,在你吃过的食物中,印象最深的是什么?味道怎么样?尽可能写出丰富的细节,比如颜色、吃法等。

4 / 为什么土特产是好礼物

假如遇到朋友生日,你会送什么礼物?收到什么样的礼物,你会觉得特别感动呢?这一讲,我们来说说古人怎么送礼。

奉橘帖[1]　　王羲之

奉橘三百枚，霜未降，未可多得。

[1]《奉橘帖》：是东晋书法家王羲之的书法作品。唐代诗人韦应物的《答郑骑曹青橘绝句》中写道："怜君卧病思新橘，试摘犹酸亦未黄。书后欲题三百颗，洞庭须待满林霜。"就是化用了这件书迹的典故。

奉送上三百个橘子，霜还没降，没法摘更多了。

古文今读

　　这段话是东晋的大书法家王羲之在送别人橘子时，写下的一个字条。

　　字条上虽然只有十二个字，但这可能是用汉语写的最有名的小字条之一了。这张小字条现在被珍藏于台北故宫博物院，你有机会一定要去看看，字非常漂亮，尤其是那个霜降的"霜"字。

　　就是这张巴掌大的小字条，王羲之给我们做了一个中国人送礼的典范。

首先，送礼送什么？应季的土特产就是非常体面的礼物。我们前面提到，中国人讲究吃当地、吃当季。送应季土特产，满足的就是这种偏好。

即便是今天，春天的西湖龙井，夏天的仙居杨梅，秋天的阳澄湖大闸蟹，冬天的东莞腊肠，还是会被很多人当作礼物送出。我们这种偏好，跟古人是一样的。

而且，因为是土特产，也不至于很贵，送礼物的人和收到礼物的人，都不会有很大的负担。如果是送名包名表，那不仅俗气，而且显得有所图谋。如果送钱送金银，那就更要另当别论了。

其次，礼物要花心思。心思、时间是比礼物本身更贵重的情意。其实这三百个橘子并不算最应季的礼物，因为还没到霜降。就跟"秋末晚菘"一样，经过霜的橘子才更甜。既然交代了是没经过霜、橘子还没大批采摘的时候，就只有这么多，说明王羲之送的这三百个橘子，不是随便拣的，而是只拣先熟的，一个个挑的。所以，对自己真正重视的人，用比如一罐自己熬的杏子酱、一件亲手

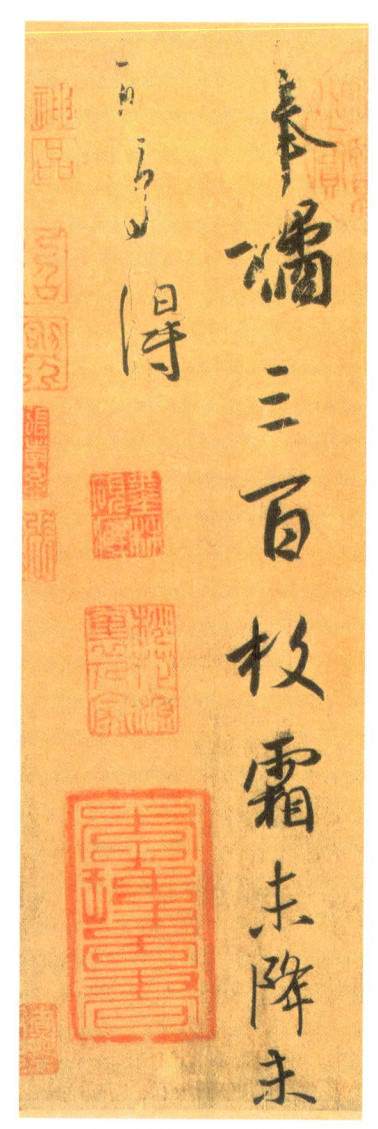

晋·王羲之 《奉橘帖》

织的毛衣来作为礼物，有时比从商场里买来的更显得情深意重。

最后，送礼时记得写个小字条或小卡片。你送的东西，吃完用完就没了，但字条不会坏，也不占地儿，可以一直保留着，这样送礼物的情意就能一直被看见。像王羲之的这个小字条，就被保留了上千年。

在这段文字中，还有一个有意思的古汉语语法知识，那就是"奉橘三百枚"里的这个"枚"字。"枚"是一个量词，和两棵树、三辆车、四匹马里边的"棵、辆、匹"一样，都是量词，这是汉语里比较特殊的一类词。不同的事物，都有跟它匹配的特定量词。比如，马就不能论头，房子也不能论匹。这一点，我们从小说汉语，对怎么固定搭配数量词是有语感的，但外国人学汉语时就得死记硬背。

对比起来，英语鲜少有这类量词，直接说 two trees, three cars, four horses。你读中国的古文就会发现，最早的古文跟英语一样，也是很少使用今天我们常用的量词的。比如，"三人行必有我师"里的"三人"就是三个人，"一言以蔽之"里的"一言"就是一句话。但我们翻译古文的时候，要把缺省的那个量词补出来。

到了汉代以后，汉语中的个体量词才逐渐多了起来，但刚开始的时候数量还比较少，比如在王羲之这里，橘子是论"枚"的，当时很多东西都论枚。而今天，"枚"通常只能搭配硬币、邮票这样形体较小的东西了。

那么除了橘子，古人一般还拿什么当礼物呢？

古人送东西给朋友，通常要附上一封短信，下面我要讲的这一封，比王羲之的那封稍微长一点，有二十个字，写短信的人送了两样东西——笋和茶，信是这样的：

笋茶奉敬。素交淡泊，所能与有道共者，草木之味耳。

我恭敬地送上笋和茶。我跟人的交往一向淡泊，能跟同道的人分享的，都是些山野之食。

写信的人叫胡介，是清代的一个文人，而他送礼物的朋友，叫康小范。关于这两个人，现在留存的资料很少。但因为这封被保存下来的短短的信，这一包笋一包茶，以及他们之间的友情，让读到这封信的我们，都倍感羡慕。

说到笋跟茶，信中甚至都没说是几时的笋，哪里的茶，想来应该不贵，因为胡介说自己"素交淡泊"。"素"这个字的本义是没有染色的丝绸，这里引申的意思就是平素、往常，也就是没有修饰、没有作假的样子。我们今天还有个常用的词叫"素颜"，就是指女孩子没有化妆的样子。

"素交淡泊"是说跟别人交往一向很淡泊。这话乍听上去有点冷淡，有点距离感，但这正是古代的君子所追求的与人交往的境界。有句话叫"君子之交淡如水"，意思是好朋友之间不用过分客套，过分讲究礼节，最好的状态是轻松自然，就像水一样清澈透明。既不会没有距离感，成天腻在一起，打得火热，也不会忘记彼此。这正是"天然"的含义所在。

我有个朋友，大学学的是历史专业。她有一个送人礼物的心得，那就是自己在网购时，遇到特别喜欢的，就会追加一单，直接快递给有需要或者惦记的朋友，并且跟朋友说，这是我自己也会用或吃的东西。

朋友要是送我这样的礼物，比如几个桃子、一个杯子，我也会欢天喜地。我们两个人都读过很多古书，受了古人怎样的影响，大概就体现在这样的地方吧。这是我们中国人表达"我想你""我喜欢你""我惦记你"的传统方式，这样的表达，很含蓄，也很天然。

古人类似的故事，还有关于送酒的。这两个人，一个姓周，一个姓黄，我猜他俩住隔壁，故事就发生在端午节，俩人也写过这样一封信：

> 故乡酒，奉一壶。同济叔隔墙泛蒲，亦是我两人一端午，亦当我两人一还家也。趁热急饮。

这句话的意思是：送上一壶家乡的酒，我和济叔你隔着墙一起饮菖蒲酒，就当是我俩一起过端午节，也就当我俩一起回老家了。趁热快喝吧！

你看，古人在端午节的时候，自己烫了酒喝，想起隔壁的好朋友，就赶紧送过去一壶，都不用特意邀请他来家里一起喝。这样真挚自然的友情，真让人喜欢。朋友在人的一生中非常重要，像这样自然而然地用礼物表达好意和惦念，交情就会很长久。

古汉语常用字

● **素**交淡泊
　平常

举一反三

可以调**素**琴,阅金经。（《陋室铭》）

且相如**素**贱人,吾羞,不忍为之下。（《史记·廉颇蔺相如列传》）

文学常识

君子之交

这个典故出自《庄子》:"且君子之交淡若水,小人之交甘若醴;君子淡以亲,小人甘以绝。"意思是,君子相交淡如清水却日渐亲近,小人相交甜如蜜糖反而疏远分离。

学以致用

古人送礼物时送过橘子,送过茶,送过酒。而且呢,古人送礼物一定要写个小字条。如果好朋友要过生日了,你会送什么礼物,卡片上会怎么写呢?

5 / 山居岁月，田园梦想

城市和乡村，你更喜欢住在哪里呢？我猜你也许更喜欢大城市，因为交通便捷，购物方便，娱乐发达。

但我要告诉你，很多中国古代文人却更喜欢和山水相伴，与林木为友；日出而作，日落而息。如果不得不住在城里，他们就老琢磨着逃离城市，就像小鸟逃脱笼子一样。

与夫子

周庚

城不如郊,郊不如山,徙①之西林诚善也。山静日长,惟②君自爱。

①徙:迁移。 ②惟:只。

住在城里不如住在郊外,住在郊外不如住在山上,你搬到山上的西林寺去住真是不错啊。山里安静,日子很长,只希望你爱护自己。

古文今读

　　这是一个叫周庚的妻子写给丈夫的一封信，写信的缘由应该是她的丈夫住到寺庙里读书去了。前面讲"陌上花开"的时候说过，那是一封短信，这封信也一样，只不过换成了妻子写给丈夫。

　　周庚是生活在明朝末年的福建莆田人，古代的女子没什么机会受教育，能识字的都不多，能写字就更难得了。而这封信写得非常好，又温柔，又体贴。

　　短短一封信，其实表达了三层意思。

　　首先是理解。妻子表明自己很理解丈夫搬到山上去住。她先写的是"城不如郊，郊不如山，徙之西林诚善也"。本来，夫妻分离是有点难过的事，但妻子开头这样写，格局就很大了。她说的是一种生活态度，知道住在山上比住在城里吵吵嚷嚷的更好。有了这层认识，她又写"徙之西林诚善也"，意思是丈夫搬到山中寺庙里住也挺好的。这同样是对丈夫的理解和支持。由这句话我们也知道了，他们夫妻俩平常是住在城里的。

　　第二层意思是孤单。毕竟是两个人分开了，妻子很是挂念丈夫，所以她说"山静日长"，山上很安静，日子很长。那你可能就有点奇怪了——山里安静好理解，日子长是什么意思？明明每天都是二十四小时，怎么山里的日子就长出来了？其实，妻子想说的是怕丈夫一个人孤单。待在山里，见不到什么人，自然是安静的，而且没人聊天说话，在心理上就感觉日子过得慢了。这一句表面上说的是丈夫，隐含的意思是丈夫不在家，自己的日子也很长。

　　有句话叫"快乐不知时日过"，你玩得特别高兴的时候，是不是觉得时间过得飞快呢？你在做一件特别不情愿的事的时候，哪怕五分钟都可能觉得很难挨。这就是我们对时间感知的特点。

第三层意思是"惟君自爱"，也就是说只希望丈夫爱护自己。因为丈夫是一个人在外，妻子虽然已经表示理解，但也不能不管不顾，所以，这一句是妻子希望丈夫能照顾好自己。

"自爱"这个词，等于"爱自"，是爱自己的意思。现代汉语中有一大组跟"自"有关的词，比如自尊、自立、自卑、自救……这里动词的接受者和发起者都是"自己"。这样的词，都要把"自"放在动词的后面来理解。这是古汉语中一个很特别的结构，今天我们也还在用。

一封短信，二十三个字，说出了三层意思，从中我们还能体会到古文简洁优雅且饱含深意的美。

那除了住到山上，古人还能住到哪里去呢？答案是，住到乡村去。

是什么样的乡村呢？《桃花源记》中的文字，就能让我们很直观地感受到。

土地平旷，屋舍俨然，有良田美池桑竹之属。阡陌交通，鸡犬相闻。

读完这段古文，你的脑海里是不是也出现了一幅美好的乡村画面？

《桃花源记》是东晋文学家陶渊明的代表作，这篇文章里描绘的"桃花源"，已经成了中国人关于理想国的代名词。由此还引申出一个成语，叫"世外桃源"。

这个理想的世界明明是陶渊明想象出来的，但在这段文字里，他详细描写了桃花源的细节：土地怎么样，房屋怎么样，小路怎么样，村子里的环境怎么样，交通怎么样，甚至写到了鸡跟狗。

一个明明不存在的地方，因为有了这些细节，就会让人觉得它似乎是真实的。这也是《桃花源记》能流传千古的魅力所在。

如果说古人关于桃花源的想象还只是比较写实的自然，那么回到现代，电影史上票房第一的电影，是一部叫《阿凡达》的3D科幻片，这部电影则完全再现了一个充满奇思异想的自然世界。

那是一个叫潘多拉的星球，那个星球上有几百米的参天大树，有飘浮在空中的群山，有色彩斑斓的茂密雨林，有闪闪发光的动植物，还有长着尾巴的蓝皮肤的纳美族人。那是我看过的第一部3D电影，那些逼真的立体细节，就像一个有魔力的旋涡，一瞬间就把我吸进去了。

所以，不管是拍电影，还是写文字，怎么能让想象出来的世界显得很真实呢？秘诀就是要有细节。

我们接着说中国人向往山水田园的传统。其实古代写诗写文章的，都是知识分子，他们通常不是农民，但却不断地描写和歌颂田园生活，觉得只有在田园里，才能获得精神上的自由。比如，孟浩然写"开轩面场圃，把酒话桑麻"，王维写"人闲桂花落，夜静春山空"。大自然在一代又一代文人的笔下，变得越来越可亲可爱。官员老了要"告老还乡"，游子老了要"落叶归根"，大自然就变成了一个人向往的最终家园。

今天的城市，尤其是繁华的大城市，市中心的房子最贵；因为生活、交通、教育、医疗的便利，大部分人更愿意住在城市里。但城市生活通常意味着"天然"的反面，所以，我们又时时惦记着乡村郊野的山居田园生活。但困守在大城市，去不了乡村怎么办呢？人们就在家里种花、养鸟，在城市的道路两旁种树，种花，在城市里模拟和仿造自然。

关于这一点，我还想跟你分享一个现代心理学的观点：困在钢筋水泥森林里的城市人，要通过接触大自然才能得到真正的休息和放松。比如，你学习累了，可以眺望一下远方的景色。或者去古人的文字里找一找山水田园，或许也能保持一种跟自然的精神联系。

古汉语常用字

● 有良田美池桑竹之**属**
　　　　　　　　　表类别

属

举一反三

于是六国之士，有宁越、徐尚、苏秦、杜赫之属为之谋。

（《过秦论》）

文学常识

山水田园派

以反映田园生活、描绘山水风光为作品主要内容的一个诗派。田园诗起源于东晋的陶渊明，山水诗始于南朝宋的谢灵运。盛唐时期形成的以王维、孟浩然为代表的山水田园派，诗风恬静淡雅，语言清丽洗练，代表诗作有《山居秋暝》《鸟鸣涧》《过故人庄》等。

学以致用

请你描述一个自己想象出来的世界。那个世界里有什么样的动植物，有没有智慧生物，你都可以大胆想象。记住，要描述细节。

6 简单生活，从容自在

每个人都有着不同的生活方式，有的人选择平淡，粗茶淡饭一生，自得其乐；而有的人选择华丽，认为只有精致美好的事物，才能配得上他们这一生。今天，我们一起走进这两篇文章，看看这两类古人最喜欢的生活方式是什么样子的。

《论语》一则

子曰:"饭疏①食,饮水,曲肱②而枕之,乐亦在其中矣。不义而富且贵,于我如浮云。"

① 疏:粗劣。
② 肱:读 gōng,指胳膊上从肩至肘的部分,这里指胳膊。曲肱,弯曲胳膊。

孔子说:"吃粗劣的饭食,喝白水,曲起胳膊枕着睡觉,快乐也在这其中了。用不正当的手段变得又有钱又有名望,对我来说就像浮云一样。"

古文今读

孔子在这段话里对比了两种情况,一种是吃简单的饭,喝清淡的白水,睡觉连个枕头也没有;另一种是大富大贵却不讲道义。孔子说,能让他感到快乐的是简朴的生活。

孔子还有一句很有名的话。他夸他的学生颜回很贤德,说颜回"一箪食，一瓢饮，在陋巷，人不堪其忧，回也不改其乐"。

有一年，我在日本东京的银座——那差不多是东京最繁华的商业街了。在银座大街后面的一条小巷子里，我看见一个小饭馆的招牌，用很漂亮的汉字写着"瓢箪"两个字。我当时就愣在那儿了，没想到会在这样的地方遇到孔子的文字。站在那条小巷子里，我思绪万千。这家店在最繁华的银座大街背后，这叫"在陋巷";而这家店名叫"瓢箪"。那没说出来的话是什么呢？——"不改其乐"。一个日本店家都能抱有这样的心态，更何况我们呢？

有的人通读《论语》后,认为孔子是个前后矛盾的人：一边说着"食不厌精，脍不厌细"；另一边又说"饭疏食，饮水"。你是否也觉得这有些矛盾？但其实并不是这样的。

孔子并不是一个苦行僧。他不刻意追求吃苦，也根本不仇视富贵，他的核心思想是"义",认为只有通过"不义"手段获得的富贵,才是浮云。只要坚守了"义"，吃喝差一点，其实没什么关系。所以，孔子不是一副为了"义"而苦大仇深的样子，他最大的优点是内心从容。今天，很多人都在追求更大的房子、更好的车子、更名贵的衣服、更新潮的电子产品。追求更好的物质生活，这没有什么不对，但因为这些是有形的东西，就容易产生比较。一比较，人反而容易不满足，从而产生压力。

回过头再来看看孔子的话，在两千多年前，他教给我们的反倒是在吃粗食、喝凉水的穷困日子里，怎么保持从容自在。有了这份底气，才能既不害怕过苦日子，也能安然享受好日子。

孔子的生活智慧,对于后世中国人的思想观念影响很深。除了孔子，还有一位文学家，对生活也有着自己的理解。

与姜唐佐秀才　　苏轼

今日雨霁①尤可喜。食已,当取天庆观乳泉泼建②茶之精者,念非君莫与共之。然早来市中无肉,当共啖③菜饭耳。不嫌,可只今相过。某启上。

① 霁:雨、雪停止,天气放晴。
② 建:建州。在今天福建北部,现名建瓯。福建省的名称就是由古时的福州和建州各取一字组成的。
③ 啖:吃。有时也可作使动用法,表示给某人吃。

今天雨过天晴真让人高兴,吃完饭,我准备去打天庆观的泉水来泡建州的好茶,想来想去,除了你,再也没谁值得请来一起喝茶了。不过,今天早上没有买到肉,只能一起吃素菜配饭了。如果不嫌弃,就请过来吧。

古文今读

　　写这段话的人是苏轼，又名苏东坡，"东坡"是他的号。他是北宋著名的文学家、书法家。这封信里的话，其实很有意思，很日常，也很真实。为什么呢？

　　因为苏轼这个人其实比较倒霉，一辈子做官磕磕绊绊。写这封信的时候，他正在儋州，在今天的海南。宋朝时的海南，生活条件艰苦，许多人被贬官到那个地方，苏轼就是其中一个。但这根本不妨碍他一开心就写信请朋友来家里喝茶吃饭。这种豁达从容的态度，真是非常难得，让人佩服。想想看，要是你请朋友吃饭，在条件这么简陋的情况下，你是否会犹豫呢？开头那句"今日雨霁尤可喜"是全篇的文眼——一场雨过后，人就能心情愉快。别忘了，苏东坡当时是在海南这个热带岛屿，因此雨季的时候，他的开心就能被理解了。

　　今天，很多人爱说"等我有钱了……"，好像只有有钱了，才能更好地享受生活，才能更快乐。其实不管是孔子还是苏轼，他们都在告诉我们：即便物质生活很一般，哪怕粗茶淡饭，人也可以因为精神生活的满足而安乐，也可以因为雨过天晴而高兴，邀朋友来做客。

　　我们能生活在今天，其实很幸运。在人类历史上，大部分时候其实都是处于天灾、饥荒甚至战乱之中的。中国人过上相对丰裕的生活的时间，真的没有多久。但你会发现，哪怕是在物质匮乏的艰苦时代，咱们中国人还是从孔子的思想中获得了生活智慧，从自然当中获得了很多乐趣和安慰。有句话叫"明月清风不用钱"，看天上的明月，享受一阵风的清凉，或者因为看到一朵花而欣喜，这些对每个人都很公平，也不用额外的花费。这是我们民族的精神财富。

古汉语常用字

● 当共啖菜饭耳
　　　吃

举一反三

日啖荔枝三百颗，不妨长作岭南人。《惠州一绝》

又何吝一躯啖我而全微命乎。《中山狼传》

文学常识

苏轼

苏轼（1037—1101），字子瞻，号东坡居士，北宋文豪，在诗、词、文赋、书法、绘画等方面皆成就突出。苏轼的仕宦之路异常坎坷，在他四十余年的官宦生涯中，有三分之一的时间在贬谪中度过。被贬黄州期间，他寄情于山水，将一腔悲愤化作了文学创作的动力，写下了《念奴娇·赤壁怀古》《赤壁赋》等流传千古的作品。他在词坛开豪放之风的先河，也给自己的创作开辟了一方广阔天地。

学以致用

学完这两篇文章，你是否对古人的生活方式更了解了呢？其实不管哪种生活方式，只要跟随着自己的本心，总会找到属于自己的那片天空。那么，来说说你喜爱的生活方式吧！

7 / 一场山水之间的文人聚会

你喜欢聚会吗？聚会的时候你喜欢做什么呢？让我们穿越千年的时光，看看历史上最著名的一次"雅集"，了解一千六百多年前古代的文人是怎么聚会的。这次聚会，可跟我们想象中的不一样。

兰亭集序（节选） 王羲之

永和九年，岁在癸丑，暮春之初，会①于会稽山阴之兰亭，修禊事②也。群贤毕至，少长咸集。此地有崇山峻岭，茂林修竹；又有清流激湍，映带左右，引以为流觞曲水③，列坐其次。虽无丝竹管弦之盛，一觞一咏，亦足以畅叙幽情。

是日也，天朗气清，惠风和畅。仰观宇宙之大，俯察品类之盛，所以游目骋怀，足以极视听之娱，信可乐也。

---

① 会：会集。
② 修禊事：（为了）做禊事。古时人们以三月上旬的巳日（曹魏以后定为三月三日）为修禊日，到水边嬉戏、洗濯，以祈福消灾。实际上这是古人的一种游春活动。
③ 流觞曲水：把盛酒的杯放入弯曲的水道中任其漂流，杯停在谁的面前，谁就取杯饮酒。这是古人一种劝酒取乐的方式。流，使流动。觞，酒杯。

永和九年，是癸丑之年，三月初的时候，我们会集在会稽山北面的兰亭，是为了做禊事。众多贤才都来了，有老有少，都聚集在一起。兰亭这地方有高峻的山峰，茂密的树林，高大的竹子，又有清澈湍急的溪流，映衬环绕着兰亭。引来溪水作为流觞的曲水，大家列坐在曲水旁边。虽然没有盛大的音乐表演，但是一边喝酒一边作诗，也足以畅快地抒发内心的情感。

这一天啊，天气晴朗，春风和暖舒畅。抬头看，天上宇宙广阔无边；低头看，地上万物品类繁多，可以开畅胸怀，尽情享受视觉和精神的欢愉，实在是快乐呀！

古文今读

  这两段文字，出自王羲之的《兰亭集序》。"兰亭"是一个亭子，位于今天浙江绍兴的会稽山。"集"是集会，当然这次是古代读书人的集会，所以是"雅集"。参加这次聚会的人，包括王羲之，总共有四十一个人，都是当地很有名的文人、官员，包括后来成为东晋宰相的谢安。"序"是什么呢？序一般出现在正文前面，有的是作者自己写的，有的是请有名望的人写的，一般是用来跟读者介绍一下某本书或某篇文章的内容和价值。王羲之写的这篇序，也是这样。文人聚会，大家都会吟诗作赋。雅集之后，大家打算把文章编成一本文集，就推举王羲之来写一篇序，交代一下这次的盛大聚会。

  我们首先看看这次集会的时间，这里出现了一个重要的历史常识——年号。永和是东晋晋穆帝的年号，永和九年是公元353年，距离今天已经一千六百多年了。年号是中国封建王朝用来纪年的一种方式，它不像我们今天使用公元纪年。年号通常会根据皇帝的喜好而定，当我们读古书，尤其是史书时，会遇到很多很多年号。我们可以查询工具书了解它们对应的公元纪年的时间。年号这种纪年的方式，亚洲很多国家都模仿中国用过，日本现在还在用。

  接下来是"岁在癸丑"。"癸丑"是中国另外一种纪年的方式，叫干支纪年法，从"癸丑"这两个字我们可以知道，这一年是农历的牛年。除了年份，还有日子，是在"暮春之初"的农历三月初三，这一天是古代的上巳节，是一个要去郊外春游，在水边洗濯、嬉戏的节日。正是这样的节日，更值得聚在一起。

  交代完大家一起聚会过节的时间，还有地点——会稽山阴的兰亭。

注意这里的"阴"字，我们前面讲过"阳"字，是"山南水北"。在中国文化里，阴和阳是相对的。所以，你或许已经猜到了："阴"字就是"山北水南"，山的北面，水的南面，也就是照不到阳光的地方。

"阴"字也有一个左耳旁。你还记得吗，有左耳旁的字，多半与地理地形有关。王羲之家的兰亭，在会稽郡的山阴县。为什么会取这个名字呢？因为它在会稽山的北面。

既然是过上巳节，大家都在一起玩什么呢？"修禊事也"。前边提到，上巳节要去水边，按古代的风俗，人们要在这一天去河里洗洗澡，把不干净、不吉利的东西洗掉。

这场聚会都有谁来了呢？"群贤毕至，少长咸集。"意思是，会稽这个地方的重要人物，不论年长的还是年轻的，大家都来了。这叫高朋满座。王羲之在当时东晋文坛的号召力还是很强的，这次聚会，不光是永和九年上巳节那天的盛事，更是中国历史上一次重要的文化聚会。这样的文人聚会，我们叫"雅集"。

你看，三十三个字，时间、地点、人物、事件，全都交代清楚了。

除了这些，最重要的是聚会的环境和娱乐活动。我们接着阅读，发现王羲之寥寥几笔就写出了此地的美景。"此地有崇山峻岭，茂林修竹；又有清流激湍，映带左右，引以为流觞曲水，列坐其次。"这一段说的是当天聚会的环境，大家可不是闷在屋子里、坐在包间里喝酒，而是在大自然当中。周围是崇山峻岭，有树林又有竹子，还有溪水，这样的美景，真是让人心旷神怡。

大家一定很好奇古人聚会都玩什么，答案就是"流觞曲水"。这个词看上去有点陌生，其实是坐在弯弯曲曲的小水渠边，把酒杯放进水里，杯子漂到谁跟前，谁就拿起来喝酒。而且，还要边喝酒边作诗。古代很多有才华的文人，都能够根据当天的天气或心情，作诗吟对，抒发情感。

最后他们玩得怎么样呢？王羲之也说了："是日也，天朗气清，惠风和畅。仰观宇宙之大，俯察品类之盛，所以游目骋怀，足以极视听之娱，信可乐也。"由此可见，大家的心情也都很愉悦。

古人聚会很喜欢选在露天，因为这样能跟大自然挨得近，抬头很容易看到宇宙的浩瀚寥廓，低头也随处可见世间万物。在大自然里，人的心情就会变得轻松愉快。

为什么说这是一篇好开头？短短124个字，不光把时间、地点、人物、事件都交代得清清楚楚，而且聚会的环境、大家怎么玩、心情怎么样，从周围环境一直写到宇宙万物，由近及远，一气呵成，读起来真是畅快极了。

其实，这就是中国古人的生活智慧，把宴饮雅集搬到大自然中去。现代心理学就有过观察实验，发现人在大自然里，更容易心情愉悦。

出去旅行，你也许遇到过这样的场景：屋子里明明有座位，可大家就是更喜欢在露天座位上，一边吃喝，一边欣赏风景和来来往往的人。阳光明媚的时候，也总有人在草地上野餐。在室外吃吃喝喝，哪怕只是吃一个汉堡，喝一杯咖啡，人也会觉得很幸福，这就是天然之美给人带来的幸福感。

下一次，不管这一天的天气是阳光和煦还是微风细雨，这一天是过节还是普通的一天，你都可以出门，到大自然中，到阳光里、细雨中，用心体会一下这天然之美。

古汉语常用词

● 引**以为**流觞曲水
　　把……作为

以 为

举一反三

时同郡周规辟公府，当行，假郡库钱百万，**以为**冠帻费。

（《后汉书·朱儁传》）

源父子因共详议，判与为婚。璋之下钱五万，**以为**聘礼。

（《奏弹王源》）

文学常识

序

一种古文文体，主要分为书序、赠序、宴集序三种。书序是写在著作或诗文前边的说明性文字，如《史记》有《太史公自序》。赠序是在临别时表示惜别、祝愿、劝勉之意的赠文，如宋濂的《送东阳马生序》。古人宴集时常一同赋诗，诗成后公推一人作序，为宴集序，如《兰亭集序》《滕王阁序》。

古代纪年法

（1）年号纪年法。封建王朝用帝王的年号来纪年。如明太祖朱元璋的年号为洪武。他做皇帝的第一年就叫洪武元年，第二年就叫洪武二年，依次类推。如《岳阳楼记》中的"庆历四年春",《琵琶行》序言中的"元和十年",都使用了年号纪年。

(2)干支纪年法。干支是天干和地支的合称。甲、乙、丙、丁、戊、己、庚、辛、壬、癸这十个叫"天干",子、丑、寅、卯、辰、巳、午、未、申、酉、戌、亥这十二个叫"地支"。干支纪年是人们将天干与地支相配,用以称年。以天干首字甲,地支首字子合为"甲子",称第一年,依次乙丑为第二年,丙寅为第三年……直到最后癸亥为第六十年,周而复始,循环使用。如近代史中常用干支纪年来表示重大历史事件,如"甲午战争""戊戌变法""辛丑条约""辛亥革命"。

学以致用

王羲之用短短的 124 个字,就描绘出了一场有趣的聚会画面,那么你也回想一下你最开心畅快的经历,比如和好朋友聚会或者一个人去陌生的地方探险,把它写下来。注意,开头要有吸引力!

8 / 为什么古人崇尚自然

古人对于大自然总是有着无尽的想象力，大自然在他们眼中，就像一幅浪漫的画卷，神秘又充满魅力。为什么古人那么崇尚自然呢？下面，我们一起来走进这篇文章，找到这个问题的答案。

道德经（节选） 老子

人法^①地，地法天，天法道，道法自然。

1 法：遵守，顺从。

人遵循地，地遵循天，天遵循道，而道遵循自然。

古文今读

这句话出自老子的《道德经》。这是中国较早的哲学著作，它几乎奠定了中国人延续几千年的自然观。我们爱好天然的根子，都可以追溯到这本书。老子和孔子是差不多时期的思想家，他叫李耳，字聃，代表作就是《道德经》。

孔子和老子的不同之处就在于，孔子关心的，是人跟人之间的关系和秩序。比如，他讲求"君君臣臣父父子子"，意思是君王、臣子、父亲、儿子各自都要有各自的样子，遵守自己角色的规范。老子虽然跟孔子生活在同一时代，但他们关心的事儿可不一样。老子关心的，是人跟整个宇宙的关系。

在《道德经》里，老子探讨的是宇宙的起源和运行。《道德经》里的这个"道"字，指的就是整个宇宙。在老子看来，"道"有它自己的运行规律，不会因为人类而有所改变。我们再喜欢月圆之夜、黄昏晚霞，月圆也不会多几天，晚霞也不会长挂天边。

美国物理学家泰森写过一本书，叫《给忙碌者的天体物理学》。在这本书的自序中有这么一句话："宇宙没有义务让你理解。"这句话的意思是，宇宙有它自己的运行规律，你懂或者不懂，有没有牛顿、爱因斯坦，它都按照自己的方式运转。你看，现代天体物理学探讨的问题，两千多年前，中国春秋时代的老子就已经在思考了。他说"道法自然"，这跟"宇宙没有义务让你理解"，在哲学层面上是遥相呼应的。哲学是对世界本原问题的思考和追问，在两千多年前，老子就能有这么深刻的思考，真是了不起！

其实，大多数时候，我们普通人看待世界的方式，都是以自己为中心的，我们并不知道宇宙的规律是什么，只是从自己的角度，去想应该怎么样，要怎么样。而老子的伟大之处，就在于他超越了个人的局限，把人放到整个宇宙中去理解。

你可能会好奇，老子不是先知，也不是天体物理学家，为什么他能产生这样的哲学思考呢？这跟中国早早进入农耕文明有很大的关系，而且在老子生活的时代，中国的天文历法已经相当发达了。

土地是农耕民族赖以生存的资源，粮食需要在大地上生长，遮风挡雨的房屋需要大地承载，所以要"人法地"，这就是人遵循地的规律；但大地上能不能产出足够的粮食，还需要风调雨顺，阳光、温度、降雨都得配合，这就引出了下一句"地法天"；而通过天文观测，日月星辰有它们自己周而复始的循环规律，这就是"天法道"；而老子对于道的理解，是遵循自然，自然而然，这就是"道法自然"。

正是因为认识到要遵循自然规律，古人很早就总结出了二十四节气的规律，用来提醒人们观察自然变化规律，指导农业生产。我们把时间概念跟自然概念紧紧地联系在了一起，比如雨水、霜降、白露、小雪这些节气的名字，本身就是自然现象。

现在，我们顺着"人法地，地法天，天法道，道法自然"这段话的意思一路推演上去，也可以推出"人法自然"。这也解释了为什么老子能够把渺小的、个体的人，跟整个宇宙联系起来了，这一点很重要，因为这可以看作是我们崇尚自然的心理起点。

对比来看，西方文化的源头——古希腊文化和希伯来文化，强调的就不是人要遵循自然规律，而是人跟自然的冲突和斗争，是有非常强烈的人类自我中心意识的。比如荷马史诗，通篇都是古希腊英雄怎么战胜自然灾难的故事。就连古希腊神话里的神，也都是按照人的样子塑造的。因为他们认为：人体的美就是一切美的典范。

而中国人对天然的热爱，也反映在文学和绘画里。西方的绘画中，纯粹的风景画并不多，更多的是人物画。比如达·芬奇那幅最著名的《蒙娜丽莎》，

达·芬奇 《蒙娜丽莎》

现在收藏在法国的卢浮宫博物馆,画面里不是没有风景,但风景只是《蒙娜丽莎》背后朦朦胧胧的背景。西方还有很多肖像画干脆就是在室内画的,完全没有自然风景。

但对比一下中国画,"山水花鸟"是中国画最主要的题材。中国画里也不是没有人,只是中国古代的画家总是把人画得很小很小。比如北宋著名的山水画大师范宽,2004年入选了美国《生活》杂志"上一千年对人类影响最大的一百位人物"。

范宽的画有什么特别呢?首先,画的尺幅很大。他最著名的《溪山行旅图》,高度超过两米,现在收藏在台北故宫博物院里,上面画的是北方关陕地区的山,虽然题目叫《溪山行旅图》,主体是人,但行旅的主角——四头驴和两个小人儿,都画在画的右下角,不仔细找根本发现不了。

我还专门去天津博物馆看过范宽的另一幅画,叫《雪景寒林图》。这幅画同样尺幅很大,仍然是山林占了最主

宋·范宽 《溪山行旅图》

要的画面,气势苍茫,左下角有一间小小的木屋,隐约有一个人在张望。

范宽的画都是把人融入了自然当中。你可以试着找一找山水间的人,看看那个人有多小。你仔细想想,对比起来,达·芬奇画的是眼前的美人,但范宽的画高高远远地看着,看到高山深谷,看到大雪寒林,也看到了山水间微不足道的人。

同样,在文学方面,西方文学里小说很兴盛,而中国古代文学里最灿烂的是诗歌。小说是什么?是关于人的故事。而中国文学里的诗歌,只要你读过一点就会发现,诗的主角也很少是人;即便想要写人,想要抒发情感,也往往是用自然景物来烘托气氛,比如"枯藤老树昏鸦"。

中国跟西方文化对待自然的态度不同,这并没有对错或者高下之分,但不同的起点,会把不同的文明引向不同的方向。

最后,我们要再注意一个字。"人法地,地法天,天法道,道法自然",这句话里连用了四次"法"字。平常我们熟悉的"法"字,是个名词,指的是法则、法律。而这句话里的"法",是个动词,意思是遵循法则。古文里经常一个字要担负很多的任务,"法"就是这样——法则是"法",遵循法则也是"法",而这两个含义之间是有关联的。

古汉语常用字

● 人法地
遵守，顺从。

法

举一反三

将法太子。（《史记·商君列传》）

失期，法皆斩。（《史记·陈涉世家》）

不期修古，不法常可。（《韩非子·五蠹》）

文学常识

二十四节气

古人根据太阳运行规律和对应的动植物生长规律，将一年平分为 24 份，称为"二十四节气"。每个节气为十五天左右。

二十四节气能反映季节、气候、物象的变化，指导农事活动和人们的衣食住行，鲜明地体现了中国人尊重自然、顺应自然规律的理念。2016 年，"二十四节气"被列入联合国教科文组织《人类非物质文化遗产名录》。

学以致用

你更喜欢哪种看待自然的方式？说一说你读过的书、看过的电影里头，有没有类似的例子？

有的美比较直接，一眼就能看出来；
有的美，需要时光沉淀，才能慢慢体会。
平和，不是平淡，
而是一种被岁月磨炼过的
沉静和从容。

第二章·平和之美

9 不偏不倚才最美

在照相机还没发明的古代，要跟一个人谈论另一个他从来没见过的人，而且还是个大美人，要怎么办呢？

来看看古人是怎样做的，他们是如何描述心目中的美人的。

登徒子好色赋（节选）　　宋玉

天下之佳人莫若楚国，楚国之丽者莫若臣里，臣里之美者莫若臣东家之子。东家之子，增之一分则太长，减之一分则太短；著①粉则太白，施朱②则太赤。眉如翠羽，肌如白雪；腰如束素，齿如含贝；嫣然一笑，惑阳城，迷下蔡。

① 著：读 zhuó，意思是"搽"。　② 施朱：涂胭脂。

天下的美女，没有谁能比得上楚国的女子；楚国的美女，没有谁能超过我家乡的姑娘；而我家乡最好看的姑娘，就数我东边邻居家的那个小姐了。东邻家的小姐，论身材，增加一分就太高了，减掉一分又太矮了；论肤色，涂脂粉的话就太白了，打腮红又太红了。眉毛像翠鸟的羽毛，肌肤像白雪，腰身纤细好像扎着白绢，牙齿像小贝壳。她只要甜甜地一笑，就能让人神魂颠倒。

古文今读

　　这段古文出自宋玉的《登徒子好色赋》。宋玉是战国时期楚国知名文学家，据说还是个美男子。宋玉生活的年代，要比写《离骚》的屈原晚一点，因此他受屈原的影响很深。

　　那么这篇文章是如何用八十四个字，来描述一个姑娘美呢？

　　宋玉形容一个姑娘好看，先是采用了两种方式。

　　第一种是比较。

　　就像是今天的综艺选秀节目海选一样，天下最好看的姑娘在楚国，楚国最好看的姑娘在我的家乡，我的家乡最好看的姑娘是我的邻居。于是，"东家之子"就成了全国总冠军了。不同地区的人，相貌确实有差异，我们今天也会说，哪里的姑娘特别水灵，哪里的小伙儿特别帅。

　　第二种，叫均衡。

　　这是什么意思呢？就是说东家之子，美就美在"恰到好处"。身高刚刚好，不高也不矮；皮肤刚刚好，不红也不白。这是一种平衡的美。

　　中国传统文化中有个关键词，叫中庸，讲究的就是中正平和，不走极端。看待社会是这样，看待女性容貌也是这个标准。

　　今天那些动辄修得太过的照片，或者通过各种整容手术获得的容貌，在古人眼中可算不上"好看"。

　　当然，光有比较和均衡，这个姑娘的美还是太抽象了，所以宋玉接着比喻，说这个姑娘啊，眉毛像翠鸟的羽毛，肌肤像白雪，腰身纤细好像扎着白绢，牙齿像小贝壳。她只要甜甜地一笑，就能让人神魂颠倒。

　　这里说的"阳城"和"下蔡"，都是楚国贵族的封地。也就是说，这姑娘能让楚国的贵公子都为她着迷。

这种比喻的方式并不是宋玉独创,《诗经》里有一首《硕人》,就已经用这种方式来描述女性之美了。比如下面这段文字:

手如柔荑,肤如凝脂,领如蝤蛴,齿如瓠犀,螓首蛾眉。

这段文字中,作者分别用了草芽、蚕蛾、蝉、葫芦籽来比喻美女,听上去是不是吓了一跳?怎么会用"蚕蛾"来形容美女呢?软软的、肉肉的,有点恶心。要知道,比喻,一般是用大家熟悉的、眼前看得见的东西,来比喻大家不熟悉的、没见过的东西。而对古人来说,日常看到最多的就是植物和动物了,翠鸟的羽毛、白雪、贝壳、草芽,当然也包括蚕蛾,都是古人熟悉的自然之物。不像今天,如果我说一个人的眉毛像翠鸟,你可能会迟疑一下,翠鸟到底长什么样呢?今天我们形容一个人长得好看，你肯定不会用翠鸟，而可能会说，这个人长得像某个明星。

看完《诗经》里的描写，让我们再回到宋玉的文章。最后，他还写出了别人看到这个姑娘之后的反应。微笑是全世界的通行证，这个姑娘只要一笑，就连阳城、下蔡的人也都神魂颠倒了。

这种写法，《陌上桑》里也曾经用过，其中有一段文字，这样形容一个叫罗敷的姑娘的美：

> 行者见罗敷，下担捋髭须。少年见罗敷，脱帽着帩头。耕者忘其犁，锄者忘其锄。来归相怨怒，但坐观罗敷。

总之，大伙看见罗敷，就都不想干活了。

所以，对于古人来说，因为没有办法拍照，想要描述一个美人，就得从正面、侧面等多个角度去观察和描写。这篇《登徒子好色赋》，就在短短八十四个字之内，换了四个角度。第一是比较，从天下一直聚焦到东邻；第二是均衡，不高也不矮，不白也不红；第三是打比方，眉毛像翠鸟，皮肤像白雪；第四是别人的观感，或者说别人看到这姑娘有什么反应。

在古人的心目中，女性的美大多是典雅的、温柔的；不高不矮，不胖不瘦；不用开口，只需微微一笑，就令人神魂颠倒了。不过也有例外，比如你熟悉的四大名著之一《红楼梦》，作者曹雪芹就塑造了一个不是那么符合传统文化审美标准的美女——王熙凤。

她的出场，在书里叫"未见其人，先闻其声"。林黛玉只听得后院中有笑声，有人说："我来迟了，不曾迎接远客！"在规矩多、礼数多的贾府，这个出场可谓是很大胆了。我们再看王熙凤的相貌："一双丹凤三角眼，两弯柳叶吊梢眉。"

中国古代传统的安静平和的美人，通常都有着圆圆的杏核眼，弯弯的、柔和的眉毛。而曹雪芹笔下的王熙凤，却是三角眼、高高挑起来的吊梢眉。作者当然不是随便写的。比起贾府那些聪明灵秀的女孩子，王熙凤可不是心地柔和善良之辈，她有野心，更有手腕，管理起整个贾府来，有着现代企业家般的决断和统筹能力。

我们常常说"相由心生"，这并不是迷信，在自然界，柔和的曲线往往会让人觉得安全舒服，而锐利的折线则更有攻击性。传统社会对女性的角色要求，多为顺从、温和、持家，所以几千年来的古人笔下，美人大都是温和的。但是到了清代，曹雪芹对女性的看法更平等，也更宽容，才出现了王熙凤这样不同寻常的美人形象，也一下子给人留下了深刻的印象。

文学常识

正面描写和侧面描写

正面描写：直接描写写作对象，也叫直接描写。

侧面描写：通过对周围人物或环境的描写来表现写作对象，又叫间接描写。

以写人为例，正面描写是直接通过对人物的相貌、言语、动作、神态、心理等方面的描写，来表现人物的性格、品行等。而侧面描写则会避开人物本身，而去描写其周围的人物或者事物等，用以烘托和表现描写对象。恰当地借助侧面描写，常常可以起到独特的艺术效果。

学以致用

描写一个人的相貌，要从各个角度和侧面切入，可以运用对比，可以运用比喻，还可以写旁人的感受。

你能用一段文字来描写一个你很喜欢的人的样子吗？这个人可以是你很熟悉的朋友、同学，也可以是历史上、小说中、电影里你喜欢的角色。

10

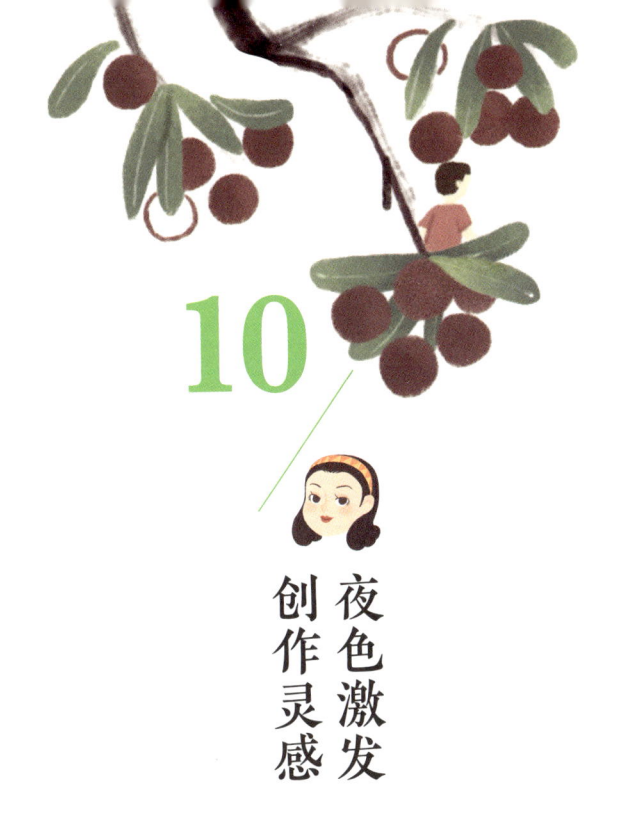

夜色激发创作灵感

"床前明月光,疑是地上霜。举头望明月,低头思故乡",同样是思念故乡,为什么那些夜晚的思念总显得格外动人?难道一个人白天就想不起来家乡吗?接下来让我们一起从古文中寻找答案吧!

记承天寺夜游　　苏轼

元丰六年十月十二日夜，解衣欲①睡，月色入户，欣然②起行。念无与为乐者，遂③至承天寺寻张怀民。怀民亦未寝，相与步于中庭。庭下如积水空明④，水中藻、荇交横⑤，盖⑥竹柏影也。何夜无月？何处无竹柏？但少闲人如吾两人者耳。

① 欲：想要，准备。　② 欣然：高兴、愉快的样子。欣，高兴，愉快。然，……的样子。
③ 遂：于是。　④ 空明：形容水清澈透明。　⑤ 交横：交错纵横。
⑥ 盖：大概是。

元丰六年十月十二日夜晚，我本来打算脱衣服睡觉了，这时我看到月光照进门户，就高兴地起身出门。想到没有人和我分享这种快乐，就去了承天寺找张怀民。他刚好也没睡，我们俩就一起到庭院中散步。

月光照在院子里，像积水一样清明透亮。好像水里有水藻、水草交错，大概是竹子和柏树的影子在飘摇。哪一个夜晚没有月色？哪里又没有竹子和柏树呢？只不过少了我们这两个闲人罢了。

古文今读

　　苏轼这个人相信你已经很熟悉了，他是北宋的大文豪。

　　因为月色太好，苏轼大半夜一个人跑出去找朋友玩。刚好朋友也没睡，于是两个人就一起在院子里散步。古人在形容一个人天真时，常常说他有"赤子之心"，意思是像小孩子一样。小孩子很单纯，也很容易快乐，哪怕只为一件玩具、一只蚂蚁，都能高兴好半天，苏轼就是这样一个有真性情的人。

　　这段文字，到底好在哪里呢？

　　第一是节奏好。

　　"解衣欲睡，月色入户，欣然起行"，这一句念起来朗朗上口。每句话都是四个字，齐齐整整。虽然这是一篇散文，却有着诗歌一样整齐的句式，跟后面长长短短的句子交错，增加了文字的韵律感。

　　而且，这里还蕴藏了一个小知识，也就是古诗中讲究的平仄。平仄是古人对声调的分类。我们今天的普通话有四个声调，一声、二声是平声，三声、四声是仄声。诗人写诗的时候，讲究平仄变化，不能一气"平"到底，也不能一气"仄"到底，有点儿类似于音乐的旋律起伏。

　　对应到"解衣欲睡，月色入户，欣然起行"这一句，就是"仄平仄仄，仄仄仄仄，平平仄平"。古人的文章是要念出声来的，有了平仄的变化，文章读起来就好像唱歌一样富有韵律。

　　第二是比喻好。

　　"庭下如积水空明，水中藻、荇交横，盖竹柏影也"。好的文字要有画面感，如果只说月色如水，那就很抽象，但这里说地上的竹子、柏树的影子飘摇，就像水里的水草、水藻纵横交错，那就有了细节。院子里不光有水，水里还有水草。你看，苏轼本来是在形容一种很模糊、很抽象的画面，但因为文字里有了这些具体的细节，一下子就变得真切了。

同样，如果要描述厨房里很香，你只说"厨房里好香啊"，别人又闻不到。如果你描述得再具体一些，比如"厨房里传来霉干菜红烧肉的香气"，或者"厨房里飘满了刚做好的白米饭的香气"，那么即使不在厨房里的人听了也会流口水。

第三是转折好。

"何夜无月？何处无竹柏？但少闲人如吾两人者耳"。本以为那么美的如水的月色就已经很好了，谁知苏东坡却说，哪里没有竹柏？哪一晚没有月色？只不过少了我们这两个大晚上不睡觉的闲人罢了。结尾这句话真是神来之笔，既在意料之外，又在情理之中。有了这一句，这篇文章才算得上千古名篇。否则，就只是篇写风景的小文章罢了。

现在回到开头的问题，为什么夜晚总是显得更加迷人呢？苏轼给了我们答案：因为夜里闲。白天是喧嚣的，夜晚是安静的；白天是忙碌的，夜晚是安闲的；白天是充满行动的，夜晚是充满思考的；白天是清醒的，夜晚是梦幻的。

在古代名人中，像苏轼这样半夜不睡觉跑出去找朋友玩的，还有一个人，比苏轼早了约七百年。这个人就是东晋时期的王徽之，字子猷。你可能对这个名字有点陌生，但你一定听说过他的爸爸，就是写《兰亭集序》的王羲之。王子猷的故事出现在一本叫《世说新语》的书里，这本书记录了很多当时名人的小故事，非常有意思。故事是这样的，王子猷住在山阴县时，有一天夜里下大雪，他半夜醒来，打开房门，叫人拿酒来喝。他四下看看，只见月光映着白雪，于是起身在屋子里走来走去，还念起了左思的《招隐》诗。忽然，他想起了自己的好朋友画家戴安道。当时戴安道住在剡县，王子猷立即连夜坐着小船沿着剡溪去往戴家。就这样乘船走了一夜，到了戴家门口，他却没进门就沿着原路返回了。别人问他为什么，他回答说："我本来就是趁着一时的兴致去的，尽兴了就回家，为什么一定要见到戴安道呢？"①

这个故事被后人概括成了一个成语，叫作"雪夜访戴"，用来形容一个人潇洒、率性而为。不过你看，这个故事不仅发生在夜晚，而且是一个下了雪的夜晚。王子猷又是喝酒，又是念诗，又是坐船去看朋友。为什么都到了门口，反而不进去了呢？因为他到达的时候天已经亮了，白天的时候，人就没有那么感性、那么冲动了。

---

① 这段话出自《王子猷雪夜访戴》："王子猷居山阴。夜大雪，眠觉，开室命酌酒，四望皎然；因起彷徨，咏左思《招隐》诗。忽忆戴安道。时戴在剡，即便夜乘小船就之，经宿方至，造门不前而返。人问其故，王曰：'吾本乘兴而行，兴尽而返，何必见戴？'"

古汉语常用字

● 欣然起行
……的样子。

然

举一反三

虎见之，庞然大物也。（《黔之驴》）

杂然相许。（《列子·汤问·愚公移山》）

文学常识

平仄之美

平仄泛指由平声和仄声构成的诗文的韵律。古汉语有平、上、去、入四种声调。平声为"平"，其余三种声调为"仄"。

我们今天使用的普通话的一声、二声，大致相当于古音中的"平声"；三声、四声相当于古音中的"仄声"。古人在创作诗词、写对联，甚至起名字时，都非常讲究平仄变化，使文字读起来抑扬顿挫，富有韵律美。

学以致用

说说看，你有没有这种"雪夜访戴"的经历呢？比如突然想起某个好朋友来，然后做了一件什么事，使你现在回想起来仍然觉得很高兴、很畅快。

11 / 无情未必真豪杰

你看过的爱情小说或者爱情电影中,恋人之间是不是经常爱得非常热烈,甚至死去活来?相比之下,中国古人的爱情就显得平和多了。

与妻书（节选）　　林觉民

回忆后街之屋，入门穿廊，过前后厅，又三四折，有小厅，厅旁一室，为吾与汝双栖之所。初婚三四个月，适冬之望日前后，窗外疏梅筛月影，依稀掩映；吾与汝并肩携手，低低切切，何事不语？何情不诉？

回忆后街的房子，进大门，穿过走廊，经过前厅和后厅，又转三四个弯，有一个小厅，厅旁边有一间房，那是我和你住的地方。刚结婚三四个月时，正赶上冬月十五日前后，窗外稀疏的梅枝筛下月影，遮掩映衬。我和你肩并肩手拉手，低声说话。什么事不说？什么感情不倾诉呢？

古文今读

"爱情"这个词,在中国几乎是随着五四运动的发生,西方文化开始影响中国之后,才逐渐被人知道的。在那之前,中国人说男女之爱,更常用的一个词叫"恩爱"。恩爱不是爱得死去活来,而是一种彼此承担责任的含蓄的感情。

这段文字,出自林觉民写给妻子陈意映的一封感人至深的诀别信——《与妻书》。林觉民写这封信的时间是1911年4月24日,正是辛亥革命前夕。这一别,就是永别。

记得上中学的时候,新学期的语文课本刚刚发下来,读完这封信,我趴在书桌上大哭。让我哭的,不是作者写"泪珠和笔墨齐下",而是这段最平常不过的几句话。

为什么说这是一封诀别信呢?我想给你讲讲这封信背后的一段重要的历史。

林觉民是参加黄花岗起义牺牲的,他是葬在广州黄花岗的七十二烈士之一。

这封信写在辛亥革命前夕。辛亥革命真正推翻了清王朝,改变了中国的历史。但在此之前,孙中山已经领导革命党人发起了很多次起义,其中最惨烈的一次就是黄花岗起义。

而这封信,就是林觉民在参加黄花岗起义之前写给妻子的诀别信。三天后,起义失败,林觉民被捕,之后在广州的天字码头就义。

单看"回忆后街之屋"这一段,你很难想象这是一个即将慷慨赴死的人写下的文字。他清楚地记得家里的前廊后厅,记得每一个转角拐弯,记得六年前自己新婚那一年冬天的月亮,记得月下梅花的影子。

最重要的是,他记得当时跟妻子肩并肩手拉手低声说话的情形。

这段文字中,"窗外疏梅筛月影"里的那个"筛"字,用得极妙。月光、梅花、疏影,原本都是没有情感的自然之物,一个"筛"字,立即令梅花生动起来,仿佛是一位娟秀的女子,拿着小筛子,把月光筛到了地上,落下斑驳的影子。这就是拟人手法。拟人手法作为一种修辞方式,可以让原本没有生命和感情的事物具有人的感情,只要一个动词用得好,自然景物就仿佛拥有了生命。

其实,古诗文里还有很多这样的句子。比如"春风又绿江南岸",一个"绿"字,好像江南岸是春风吹绿的;再比如"羌笛何须怨杨柳",一个"怨"字,让你觉得明明是人有哀怨,却非说羌笛埋怨杨柳。

我读过很多次这封《与妻书》,每次读的时候总会感叹,一个心思如此细腻的人,一个如此情深意长的人,一个知道妻子已经怀孕的人,怎么舍得抛下尘世的一切?背后支撑他的信念到底是什么?我觉得,这就是孟子说的"浩然之气",林觉民说这是"以天下人为念"。

这是古往今来我所知的最深情的大丈夫,这也是最打动我的爱情。一百多年前的中国,女子并没有什么受教育的机会,很少有女人识字。而林觉民的妻子陈意映读得懂这封信,是因为林觉民深受平等自由思想的影响。结婚后,他就在自己家中办女学,教妻子和堂妹识字,他"以天下人为念"的理想很大。但同时,这理想又一点一滴地落到了身边至亲的人身上。

孟子有句名言,"老吾老,以及人之老;幼吾幼,以及人之幼",意思是尊敬我自己的长辈以及别人的长辈,疼爱我自己的孩子以及别人的孩子。

在这封《与妻书》里,林觉民也引用了孟子这句话。当时,林觉民上有年迈的父母，下有恩爱的妻子，以及尚未降生的孩子，"老吾老"和"幼吾幼"对他来说，都不是空话，但"以天下人为念"，又让他义无反顾地奔向了理想。

中国的家庭关系中讲恩爱，形容夫妻感情好的成语，有白头到老、琴瑟相和、举案齐眉等等，这些短语所表达的，都不是那种要死要活的爱情，而是那种细水长流、彼此照顾、天长地久的感情。

到了林觉民这里，这种恩爱又升华了，他的"恩"是推及天下人的恩。黄花岗起义失败后，林觉民被逮捕了，当时审问林觉民的是广州将军张鸣岐。张鸣岐非常钦佩林觉民的为人，称赞他"面貌如玉，心肠如铁，心地光明如雪"。一个人得到敌人这样高的评价，可见真是奇人。

从林觉民的《与妻书》中可以看出，以前中国人看待男女之间的爱情，更讲究恩爱，不是爱得死去活来，而是一种含蓄的感情。

不过也有例外，比如在中国古代文学作品里，有一首叫《上邪》的诗：

上邪！我欲与君相知，长命无绝衰。山无棱，江水为竭，冬雷震震，夏雨雪，天地合，乃敢与君绝！

这首诗很特别，意思是说：上天啊！我要和你相爱，我要爱情长存永不衰减。除非山峰平了，江水干了，冬天打雷，夏天下雪，天地合起来，我才敢跟你分手！

这种呼天抢地的表达，是不是让你想起电视剧里那些"咆哮体"的台词来？这样的爱情，表面看上去浓度很高，但是动不动就发这样的毒誓，也会吓坏别人吧？这一段虽然指天说地，但跟林觉民说的房前屋后比起来，我觉得格局并不算高。

男女之间，既有激情之爱，也有恩情之爱。中国文化更讲究恩情，讲究人的群体性，你不可能一个人生存，你要生活在一个群体当中。即便是夫妻之爱，彼此的责任也是排在前头的。恩爱恩爱，恩在爱前头，一个人就算是结婚，也很难关起门来小夫妻俩过日子。

这当然也有传统社会条件的限制。为什么这么说呢？在古代社会农耕文明的条件下，只靠两个人的小家庭，很难维持生存、繁衍后代，必须依靠大家族的力量。当然到了现代，这种文化正在发生改变，因为个人的生存能力提高了，大家庭也就向着小家庭过渡了。

不过，前面说的大多都是平常过日子，看电影看小说，很多人还是喜欢轰轰烈烈的爱情。比如莎士比亚的名剧《罗密欧与朱丽叶》，比如中国的爱情故事《梁山伯与祝英台》。平淡夫妻与生死恋人，给人带来的心灵触动是不一样的。

文学常识

林觉民

林觉民（1887—1911），字意洞，号抖飞，又号天外生，福建人，民主革命者。少年时接受民主革命思想，推崇自由平等学说。留学日本期间，加入中国同盟会。后与林尹民、方声洞等革命党人参加黄花岗起义，转战途中受伤力尽被俘，后从容就义，是"黄花岗七十二烈士"之一。

威廉·莎士比亚

威廉·莎士比亚（1564—1616），是英国文艺复兴时期最伟大的戏剧家，他的作品类型丰富，有悲剧、戏剧、历史剧等，充满人文主义精神。《哈姆雷特》《奥赛罗》《李尔王》《麦克白》是莎士比亚的四大悲剧作品；《仲夏夜之梦》《威尼斯商人》《第十二夜》《皆大欢喜》是他的四大喜剧作品。

学以致用

你能不能用拟人的修辞方法写一小段文字？要注意使用合适的动词。也欢迎你把这一讲分享给父母，请他们聊聊自己年轻时的故事。

12

家常闲话最深情

　　如果你看到一个作文题目，比如《我的家》或《一件小事》，你会不会觉得很无聊？我小时候最不爱写这种作文了，觉得婆婆妈妈，哪里有那些跌宕起伏的传奇故事、英雄史诗吸引人呢？然而人生大多时候都是柴米油盐，人间烟火，平平淡淡。但就是这种平常生活，在有些人的笔下可真的不一样。一字一词，娓娓道来，不知不觉间你就被触动了。

项脊轩①志（节选） 归有光

家有老妪②，尝居于此。妪，先大母③婢也，乳二世，先妣④抚之甚厚。室西连于中闺，先妣尝一至。妪每谓予曰："某所，而母立于兹。"妪又曰："汝姊在吾怀，呱呱而泣；娘以指叩门扉曰：'儿寒乎？欲食乎？'吾从板外相为应答……"语未毕，余泣，妪亦泣。

① 轩：小的房屋。　② 妪：读 yù，年老的妇女。
③ 大母：祖母。　④ 妣：原指母亲，后指已经死去的母亲。

我家里有一个老婆婆，曾经住在这间书房里。这个老婆婆，是我已经过世的祖母的婢女，做过两代人的乳母，我已经过世的母亲待她也很好。房子西面连着内室，母亲曾经来过一次。老婆婆不止一次对我说："这里，就是你母亲站过的地方。"

老婆婆又说："你姐姐在我怀里，哇哇地哭起来，你母亲就用手指敲敲门说：'孩子是不是冷了？是不是想吃东西了？'我就在门板外跟她应答……"老婆婆的话还没说完，我就哭起来，她也跟着哭了。

古文今读

归有光，字熙甫，明朝著名文学家。早年因老家在昆山项脊泾（今属太仓），自号项脊生；晚年居于震泽（太湖的雅称）附近，人称震川先生。他与王慎中、唐顺之并称为"嘉靖三大家"。他做过的官不大，特别擅长描写平淡生活。

项脊轩是归有光青年时代居所书房的名字。《项脊轩志》虽然写的都是家里的一些琐碎平凡的小事情，却写尽了人间深情。

看了这段文字，或许你会觉得归有光这个人不光婆婆妈妈，还是个爱哭鬼。不过，如果你了解到归有光八岁的时候母亲就过世了，你就能理解这一段平淡文字里的悲伤哀痛了。

一个八岁就没了妈妈的男孩子，对母亲的记忆一定不是很真切了。所以，再回味归有光写的这句话："妪每谓余曰：'某所，而母立于兹。'"如果一个老婆婆指着家里的一间房子对你说，这就是你妈妈当年站过的地方。对比今日此处人去楼空，你是不是也会格外难过？

老婆婆记性很好，描述一件事也特别详细，她接着提到了归有光的姐姐哭了的事。你留意归有光的妈妈问的那两句话了吗："儿寒乎？欲食乎？"

孩子是不是冷了？是不是想吃东西了？

不管是古代还是现在，吃饱穿暖，大概都是母亲对孩子最关切的事。现在网上还流传着一句玩笑，"有一种冷叫你妈觉得你冷"，其实饿也一样。虽然我们今天的物质生活已经这么丰富了，哪怕我都是成年人了，我妈妈打电话时还是会问我："你吃过饭没有？是不是又吃外卖了？"年轻的时候不懂事，觉得妈妈这么问很烦。但仔细想来，能一直坚持几十年惦记你的冷暖温饱的，恐怕也只有亲妈了。

所以，听到这些关于母亲的细细碎碎的小事，归有光怎么可能不哭呢？古代没有照片，更没有视频，他也只能从老婆婆的描述里回忆妈妈的样子。

有一部动画电影叫《寻梦环游记》，故事的背景是墨西哥的亡灵节。电影里的人们在亡灵节纪念故去的亲人；而在另一个世界，亲人的亡灵，也会跨过万寿菊铺设的生死桥，在这一天回来跟家人团聚。那些死去的亡灵什么时候会最终消失呢？就是活人的世界再也没有人记得他的时候。这个故事的主题是，死亡不是最终的告别，遗忘才是。

同样，对于归有光来说，幸亏有这么一位老婆婆，替他保管了一个珍贵的记忆片段，而且是站在家里的一间屋子里，跟他描述自己记得的每一个细节、每一句话。

不知道你有没有注意到，这段文字几乎都是白描，唯一描写情态的，是写到归有光的姐姐哭，用了"呱呱而泣"，也就是哇哇大哭，其余再没有多余的形容和修饰。于是，就是这么一段极其平常又直白的对话，没有任何添油加醋，反而最打动人。

中国古代的散文大家，有的人喜欢浓墨重彩，比如写《滕王阁序》的王勃；有的人喜欢轻描淡写，比如归有光。人在年轻的时候，往往喜欢华丽铺排的文章，然而年龄越大，就越喜欢归有光这种轻描淡写的文字。少用形容词，多用动词，写出来的文章会更有力量。朴素的句子，总是闪着更长久的光芒。我在这里先为你种下一颗种子，希望你日后也能够渐渐体会到这种平淡背后的深情。

古汉语常识

人称代词

所谓人称代词,就是指代人的词,我们今天说的"我、你、他",分别是第一人称、第二人称、第三人称。但在古文里,用的是跟现代不同的词。

●第一人称代词

吾从板外相为应答。
语未毕,**余**泣,妪亦泣。

▼

这两句话里的"吾"和"余",都是指代"我"。孟子说"鱼我所欲也;熊掌,亦我所欲也"。古代的第一人称代词"余、吾、我",到今天基本统一成了一个字——我。

●第二人称代词

汝姊在吾怀。
而母立于兹。

▼

这里的"汝"和"而",相当于"你"。

●第三人称代词

先妣抚*之*甚厚。

▼

这里的"之"指的是"她",代老妪。
古代人称代词又多又复杂,而今天我们通常简化到只有"你、我、他"了。人称代词在古文中出现的频率还是挺高的,对照下面的表格看一看,对你以后读古文大有用处。

人称	现代汉语	古汉语
第一人称	我	吾、我、予、余、朕、孤
第二人称	你	汝、女、尔、若、而、乃
第三人称	他	之

文学常识

白描

原指单用墨色线条勾描形象而不施色彩的传统绘画技法。在文学创作上，指用最朴素最简练的笔墨，不事雕饰，不加烘托，抓住描写对象的特征，如实地勾勒出人物、事物与景物的情态面貌。简单说来，白描手法就是不用浓丽的形容词和繁复的修辞语去描写。鲁迅先生曾把这种手法概括为十二个字，即"有真意，去粉饰，少做作，勿卖弄"。

学以致用

归有光的《项脊轩志》，用白描的手法写家里的老婆婆和母亲的对话，平铺直叙，不刻意追求强烈的效果，反而最是动人。这就是一种平和的美。请你也试着用白描的手法，写一段生活中感人的经历吧。

13 / 处变不惊的从容

古人是怎么管理表情的呢?他们推崇处变从容,不动声色。这其实也是一种平和,是一种安然处之的民族性格。比如《世说新语》这本书里,就讲了一个特别有意思的小故事。

夏侯太初尝倚柱作书 《世说新语》

夏侯太初①尝倚柱作书,时大雨,霹雳②破所倚柱,衣服焦然,神色无变,书亦如故。宾客左右,皆跌荡不得住。

① 夏侯太初:夏侯玄,字泰初,亦作太初。三国时期曹魏大臣、文学家。仪表出众,时人目之以为"朗朗如日月之入怀"。又博学多识,才华出众,被誉为"魏国四聪"之一。
② 霹雳:响声很大的雷。

夏侯玄曾经靠着柱子写字,当时天降大雨,雷电击中了他倚靠的柱子,就连衣服都被烧焦了,但他却泰然自若、照旧写字。而周围的宾客随从,都吓得跌跌撞撞、站都站不稳了。

古文今读

　　《世说新语》是一本创作于南朝时的笔记小说，收录了从东汉末年到东晋时期一些士大夫的言行和逸事。书里的人，都是我国历史上有名有姓的真实人物。但书里记载的言行和逸事，未必全是事实，比如关于夏侯太初的这个故事。

　　厉害的雷电，确实连大树都能击倒，然而即使面临如此危险的情况，夏侯太初却依然无动于衷。也许你会说，这不科学，他多半是吓傻了。当我们遇到突如其来的攻击或意外时，会本能地出现一些身体的动作和表情的反应；能战胜这种本能反应的，绝对不是一般人。

　　常看篮球比赛的人应该都知道，有个天才球员叫科比。我曾经看过一场比赛的视频，有人在科比面前做了一个假动作，假装把篮球砸向科比的脸，球离脸只有一两厘米的距离了，科比仍然能够眼睛盯着球，身体纹丝不动。这种淡定，跟夏侯太初有得一拼。但科比这是经过长期训练的结果，夏侯太初一个文官是怎么做到的，这真的很难解释。

　　不过，真实不真实没关系，重要的是，《世说新语》这本书可以带你了解当时的古代士人都是什么样的。这本书按照人物特点分门别类。夏侯太初遭雷劈而面不改色的故事，就被分在"雅量"门。

　　"雅量"里面的故事主角，都有一个共同特质，那就是不管内心是否有一千匹马呼啸而过，脸上总是若无其事。这在当时的人看来，就是一种值得肯定的名士风度。这些故事对后世人们的情绪表达也产生了很大影响。

　　一个人写着字遭到雷劈，当然会受到极大的惊吓。那么遇上大喜事儿呢？也得不动声色。"雅量"门里，还有这样一则记录。

谢公与人围棋 《世说新语》

谢公与人围棋，俄而①谢玄淮上信至，看书竟，默然无言，徐②向局。客问淮上利害，答曰："小儿辈大破贼。"意色举止，不异于常。

① 俄而：不一会儿。　② 徐：慢慢地。

谢安正在跟客人下围棋，不一会儿在淮上作战的谢玄派的信使到了。谢安看完信，沉默不语，又慢悠悠地下起了棋。客人问他战场上是什么情况，谢安回答说："孩子们大破贼兵了。"说这话的时候，他的表情和举止，跟平时没有什么不一样。

古文今读

谢公，就是东晋著名政治家谢安，他的表现，用我们今天的话来说，叫淡定。要知道，这可不是一场寻常的仗，而是中国历史上著名的以少胜多、以南胜北的淝水之战，东晋以八万兵力，打败了号称八十万大军的前秦军队，而谢安就是这场战役的总指挥。侄子谢玄是他派去打前锋的。

以八万军队迎击八十万大军，本来就是千难万险，而且派上阵的还是自己的亲侄子。谢安却还能跟人安闲地下棋，真的不是一般人。

你肯定看过那种电影场景：一个人在决战前夕，或者在等什么重要的消息时，经常会出现在屋子里走来走去，一会儿拿起烟，一会儿又抓本书的镜头。而谢安的表现，与这种坐立不安的画面刚好相反。

前面我们讲了夏侯太初遭雷劈继续写字的故事，也讲了谢安在侄子打了大胜仗之后，还能镇定自若，继续下棋。而在《世说新语》里，还讲到一个叫嵇康的人，他把处变不惊发挥到了极致。

嵇中散临刑东市 《世说新语》

嵇中散①临刑东市，神气不变。索琴弹之，奏《广陵散》。曲终曰："袁孝尼②尝请学此散，吾靳③固不与，《广陵散》于今绝矣！"

① 嵇中散：指嵇康，字叔夜。三国时期魏国文学家、思想家、音乐家。因官至中散大夫，世称"嵇中散"。其人工诗善文，作品风格清峻，与阮籍、山涛、向秀等七人并称为"竹林七贤"。
② 袁孝尼：指袁准。
③ 靳：小气。

嵇康在东市马上就要被处死了，他神色不变，还跟人要来古琴，弹了一曲《广陵散》。弹奏完，嵇康说："袁孝尼曾经请求我教他这首曲子，我当时过于小气，不肯教他，如今《广陵散》变成绝响了啊！"

古文今读

嵇康娶了曹操的曾孙女长乐亭主为妻，后来，他得罪了一个叫钟会的人，遭到陷害，被掌权的司马昭处死了，年仅四十岁。这段文字，讲的就是他临上刑场的故事。

当时，三千名太学生集体上书，请求朝廷赦免嵇康，让他到太学任教，朝廷没有答应。嵇康被杀后不久，司马昭也感到很后悔。

《广陵散》是一首古琴曲，这首曲子慷慨激昂，嵇康是当时弹这首曲子水平最高的人。也可以说，正是因为嵇康临死前神情自若地弹奏了这首曲子，它才得以成为中国著名的古琴曲之一。嵇康用他的生命和淡定，为《广陵散》增添了悲壮而传奇的色彩。

现代心理学告诉我们，所谓表情，就是内在情绪的外在体现：开心会哈哈大笑，难过会伤心流泪，这是人的本能反应。《世说新语》里这三个不动声色的故事，给后世中国人带来了很大的影响。

处变不惊，七情不上面，成了我们的一种民族性格。这种文化上的偏好，也体现在中国画里。除了妖魔鬼怪的表情比较狰狞外，你很难在中国画里看到大哭、大笑或者大怒的人，一个个都是眉目舒展，神情平和。

我到全世界各地旅行，发现不同文化之下的人们，表情是完全不同的。意大利人热情又夸张，他们说话时，表情丰富极了。日本人恭敬谨慎，尤其是成年男人，总是一张紧绷的严肃脸。美国人坦率天真，很容易见到那种笑得露出八颗牙的人。最有趣的是，我观察过很多在美国长大的华裔孩子，他们的表情就更像美国人，而不像中国人。由此可见，表情受文化环境的影响很深。

文学常识

《世说新语》

《世说新语》的作者是南朝宋的文学家刘义庆。全书共收录1130则记录，主要分为3卷德行、雅量、任诞、容止等36门。文笔简洁明快，语言含蓄隽永，只言片语即刻画出鲜活的人物形象，是我国古代志人笔记的代表作。

《广陵散》

中国音乐史上非常著名的古琴曲，曲子表现的是战国时期刺客聂政的故事，琴曲刻画了他不畏强暴、宁死不屈的复仇意志。嵇康以擅长弹奏这首曲子著称。嵇康被杀害后，这首曲子就失传了。后来，人们在明代的《神奇秘谱》里找到了失落的琴谱，现代古琴家管平湖先生根据书中所载的曲调，进行了整理、打谱，使这首精彩绝伦的古琴曲重现人间。

学以致用

《世说新语·雅量》中，还有一些很有意思的小故事，我选了一则，请你把它翻译成白话文，然后说说为什么喜欢它。

王子猷、子敬曾俱坐一室，上忽发火。子猷遽走避，不遑取屐；子敬神色恬然，徐唤左右，扶凭而出，不异平常。世以此定二王神宇。

14 / 关于美好社会的想象

许多人许愿，会说希望世界和平，这当然是对美好社会的想象。但和平究竟什么样？在中国古人眼里，理想社会的样子，是有画面的。

侍坐（节选） 　　《论语》

莫春①者，春服既成，冠者②五六人，童子六七人，浴乎沂，风乎舞雩，咏而归。

1 莫春：指农历三月。莫，同"暮"。
2 冠者：成年人。古时男子二十岁时行加冠礼，表示成年。

暮春时节，春天的衣服已经穿上了，五六个大人，带上六七个孩子，一起在沂水洗澡，在舞雩台上吹风，唱着歌回家。

古文今读

这是《论语》里我很喜欢的句子。《论语》是一本记录孔子和他的弟子言行的书，书里总是说"子曰"，就是"孔子说"的意思。不过这一句，可不是孔子说的，而是他的学生曾皙说的。

曾皙为什么会说这句话呢？有一天孔子跟学生们聊天，让他们谈谈自己的理想。在座的有四个学生：子路、曾皙、冉有和公西华。

子路是个很有抱负的人，也很坦率，但他是个急性子，老师一问，他立刻不假思索地回答说，他要管理一个"千乘之国"。"乘"读作 shèng，在古代指的是四匹马拉的战车。你可能在博物馆或者历史书上见过这种战车，很威风的。在当时，一个诸侯国能拥有一千辆这样的战车，是很厉害的。

子路说完，轮到冉有。他比较谦虚，说自己只想治理一个方圆六七十里的小诸侯国。

公西华呢，他说自己想做管理宗庙祭祀的事。宗庙就是古代帝王或者诸侯祭祀祖先的地方。

我们前面说过，孔子生活在春秋时代，他的政治理想是恢复周朝的礼乐制度，重建国家秩序。所以，他在各个国家奔走呼号，希望国君们能采纳自己的主张。而那些跟着他跑来跑去的学生，有着各种各样的政治抱负，也就不足为奇了。

最后轮到了曾皙，他有点犹豫，说自己跟三个同学想的都不一样。孔子鼓励他说出来，他就说了前面那段到河里洗澡、到岸上吹风的话。乍一听，曾皙跟几个同学说的差距可太大了，好像光想着出去玩，老师可是在问他们的理想。

但是孔子听完，却跟大家说，我赞同曾皙。这可就奇怪了，孔子不是一个连学生睡午觉都觉得不上进的老师吗，学生跑到河边去玩，他怎么又赞同了呢？

咱们再来看曾皙的原话，他说"暮春者"，之前讲《兰亭集序》，有说到"暮春之初"。这是过上巳节。这个节日，按照过节的习俗，就是要到河里洗澡，到郊外春游的。曾皙说的是"浴乎沂，风乎舞雩"，所以，他不是逃学跑出去玩，而是五六个大人、六七个孩子，一起去郊游过节。

说到这儿，你可能还是会奇怪，过个节出去玩，怎么就是理想了呢？我觉得曾皙在这里想要表达的，其实是他期望的理想社会，是他施展了抱负之后，想要把国家治理成的样子。

一个真正理想的国家，是驾着千乘的兵车去打仗吗？是普通人吃饱穿暖吗？是君主忙着祭祀宗庙吗？曾皙觉得，国家大小并不重要，大人小孩能不能快快乐乐、开心地洗澡、愉快地唱歌才重要。你看，他关注的是社会个体生活的幸福感，这才是真正理想的社会需要的。

孔子一心想恢复周礼制度，这套制度也许并不能适应后来变化的社会，但"浴乎沂，风乎舞雩"，是孔子和曾皙给理想社会画的蓝图。而且重要的是，早在两千多年前，他们就坚信，理想社会真正的样子，是每个人的生活都有幸福感，这对我们影响深远。直到今天，这种想法依然有价值。

那么到底什么是幸福感？这其实是一种主观感受。有一个全球各个国家的幸福指数排行，2017年排在前五位的国家分别是挪威、丹麦、冰岛、瑞士和芬兰，除了瑞士之外，其余几个都是北欧的国家，面积都不算大。当然，这几个国家的经济都很发达，福利也很好。

我去过瑞士和丹麦，在那里接触到的人，在街上看到的人，大多神情平和愉悦，对待外人没有那么强的戒备心，对待自己也不是太苛刻。在高科技公司工作固然很好，而做一个餐厅服务员，对待客人也热心礼貌，不卑不亢。

在这个全球幸福指数排行榜上，看上去富裕国家的排名会比较靠前。但并不是世界上最富有的国家排在最前面，中国近几年的幸福指数，一直在慢慢上升。不管是两千年前曾皙的描绘，还是今天幸福感排名靠前的国家，我觉得，这都说明了有一件事儿是更重要的——理想的社会，不全是拿国家面积大小、金钱多少来衡量的，民众的心理感受很重要。

我为什么这么喜欢曾皙这句话呢？因为曾皙把想象描绘得很具体，什么时间，什么人，穿什么，怎么玩，都交代得很清楚。用我们现在的话说，他的理想很有画面感，有细节。你的话说出来，要能够调动起别人脑子里的画面，才更能让别人理解和感同身受。这是一种很重要的能力，比如我们都爱看电影，像《星球大战》《阿凡达》《哈利·波特》这些电影，哪怕在电影中都是完全虚构的世界，人跟环境的种种细节，也都是被精心安排过的。所谓想象力，不只是想出来这个世界不存在的东西，还要能够给不存在的东西想象出具体的细节。

曾皙说的这段话，还有一版特别有趣的翻译：

二月二，三月三，穿上新做的大布衫。大的大，小的小，一同到南河洗个澡。洗罢澡，乘晚凉，回来唱个《山坡羊》。

读到这个翻译，你是不是也很开心呢？

古汉语常用字

● **冠**者五六人
表示成年

冠

举一反三

男子二十**冠**而字。（《礼记·曲礼上》）

既加**冠**，益慕圣贤之道。（《送东阳马生序》）

文学常识

上巳节

俗称三月三，是源于中国的传统节日，朝鲜、日本、越南等国亦有此节日。有些地区在三月初三有扫墓习俗，顺便踏青，故又称小清明。

学以致用

孔子和他的学生们期盼的理想社会，是每个人都心情愉悦、享受生活。那么请你描述一下，在你想象的世界里，你的一天是怎么度过的？记住，要有具体细节。

曲径通幽处，禅房花木深。

一个人心里有什么想法，不是直截了当，

而是含蓄、曲折地说出来，这就是婉转。

表达婉转的人，一定对世界、对他人有更多的共情和理解。

第三章 · 婉转之美

15

掌握比喻的力量

想象一下,你走进一个很漂亮的园子,园子里有一条小路,弯弯曲曲的;一直走到尽头,你才发现一间小房子。这种神秘的,充满探索的,不知道前方是什么的感觉,就是婉转。

伯牙善鼓琴（节选） 　　《列子》

伯牙善①鼓琴，钟子期善听。伯牙鼓琴，志在高山，钟子期曰："善②哉，峨峨③兮若泰山！"志在流水，钟子期曰："善哉，洋洋兮若江河！"

① 善：擅长，善于。
② 善：赞许。
③ 峨峨：高耸的样子。

俞伯牙善于弹琴，钟子期善于倾听。俞伯牙弹着琴，当他的音乐想要表现高山的时候，钟子期就赞叹说："好啊，像巍峨的泰山一样。"当俞伯牙的音乐想要表现流水的时候，钟子期就赞叹说："好啊，像浩浩荡荡的江河一样。"

古文今读

俞伯牙和钟子期"高山流水"的故事，就将比喻的艺术展现得淋漓尽致。

而"知音"这个词也源于此，用来形容朋友之间能相互理解、相互欣赏的情意。钟子期懂得俞伯牙的音乐，能从伯牙的琴声中听出他寄托的心意，所以叫作"知音"。钟子期死后，俞伯牙觉得世间再也没有他的知音了，所以干脆把琴摔了，从此再也不弹了。现在，"知音"这个词已经不光指懂得音乐的意思了。

为什么俞伯牙这么重视钟子期对自己的理解呢？因为音乐是很抽象、很模糊的艺术，看不见，摸不着。不像我们用语言说一个词，或者拿出一张图片一样便于理解。正是因为音乐理解上的困难，就像曲径通幽的小路，很婉转，你要听到最深处，才可能了解一个人通过音乐想传达的心声。所以，钟子期对俞伯牙才那么重要。

可是能从音乐中听出高山流水的感受，真的那么难吗？有一次，我去中央音乐学院听了一场周海宏教授的讲座。讲座上，周教授播放

元·王振鹏 《伯牙鼓琴图》

了两段音乐请在座的人听，一段是慢速的、下降的旋律，另一段是轻快的、上升的旋律。所有人都说，前一段像高山，后一段像流水。这么说，是不是我们在座的所有人都有成为钟子期的潜质呢？不是说高山流水是千古难遇的知音吗？

其实，人的听觉、视觉、嗅觉、味觉、触觉等不同的感觉之间，是能够相互沟通和对应的。我们通常能感觉到的，包括明暗、高低、轻重、大小、快慢这些特性，其实都有互相对应的关系。

而好的比喻其实就是能准确地把一种感觉转移到另一种感觉上。比如在这个故事里，钟子期就是把俞伯牙的音乐，比喻成了看得见的山和水，把听觉和视觉结合到了一起。而且，他还用"峨峨"来形容山，"洋洋"来形容水，更是让这个比喻变得准确和细腻。

理解了钟子期如何听懂俞伯牙的音乐后，我们再加大难度，看一个更厉害的比喻。

与陆三

朱幼清

年来神散,读过便忘。然必欲贮之腹中,犹含美馔①于两颊,而不忍下咽。我之于书,味之而已。

① 馔:读 zhuàn,指食物。

我近年来精神越来越涣散,书读完就忘记了,但还是想把书读进肚子里,就像嘴里含着好吃的东西,不舍得咽下去。我现在看书,就是尝个滋味。

古文今读

　　这是一位叫朱幼清的人写给一位叫陆三的朋友的信。这两个人都是读书人，信里写的也都是读书的事。

　　这段文字非常妙，它说的是一个人对读书的感觉，也许以后你也会有这样的体验。成年后，人的记忆力，通常是会随着年纪的增长而衰退的。一个读书人，年纪大了，书读过就忘，心里很容易产生恐慌，所以就有了第一个比喻，想把书存在肚子里，觉得这样比较安全。

　　既然说到肚子，就会联想到吃饭，于是有了第二个比喻："犹含美馔于两颊，而不忍下咽。"说读书就像嘴里含着好东西，不舍得咽下去。

　　你可能会感到奇怪，刚才不是还说要存到肚子里吗？怎么又舍不得咽下去了呢？因为读书这件事太美妙了，就像你遇到好吃的东西，想在舌头上多停留一会儿，多体会一会儿那种美好的滋味。毕竟一咽下去，肚子是饱了，但舌尖上的享受可就没了。

　　再往下，又是第三个比喻："我之于书，味之而已。"吃饭、读书当然有实际目的，吃饭是为了生存；在古代，读书后则可以去考科举、做官、光宗耀祖。但吃饭和读书的妙处，又不仅仅在于实用，吃饭可以是为了品尝滋味，读书可以是为了怡情养性、增长见识，这可能比实用的感觉更美妙。这个比喻妙就妙在把读书这件事的精神享受和吃饭的味觉享受联系起来了。我小时候，也有过读书读到忘记了吃饭、忘记了时间的经历。希望你也能从读书中获得这样的乐趣。

　　了解了古人是怎么做比喻后，我们再来看看，怎样才算是高级的比喻？

　　有一些比喻句很容易看出来，这些句子里通常有个"像"字，比如，"姑娘像花儿一样美丽"，这叫明喻。古人的明喻不用"像"这个字，而用"犹"，比如"犹含美馔于两颊"里的"犹"。

除了"像"和"犹"，也可以用"若"。我们前面讲过的高山流水的故事里，"峨峨兮若泰山"就是用的"若"。但后面这段关于读书的三层比喻中，只用了一个"犹"字。其他两个，并没有用明确表示比喻的字，这就是暗喻。会用暗喻，就掌握了更高级的修辞手法运用能力。

那么，怎样才算是好的暗喻呢？我们来看一个例子。

有一位当代作家，叫史铁生，他有一篇散文叫《我与地坛》，里面连用了七组比喻，用了时间、乐器、声响、公园的景物、心绪、艺术和梦，来比喻一年四季的感觉。

> 如果以乐器来对应四季，我想春天应该是小号，夏天是定音鼓，秋天是大提琴，冬天是圆号和长笛。……还可以用艺术形式对应四季，这样春天就是一幅画，夏天是一部长篇小说，秋天是一首短歌或诗，冬天是一群雕塑。

这七组比喻，是我在当代作家的文学作品里，看到的最精致、最准确、最美的比喻。这段文字的原文比较长，如果你感兴趣，可以去找来看一看。

文学常识

比喻

常见的比喻方式有明喻、暗喻、借喻。

- 明喻是本体、喻体、比喻词都出现,比喻词常用"像""好像""仿佛""犹如"等。

  例句: 每一朵盛开的花,都像是一个小小的张满了的帆。

- 暗喻是本体、喻体都出现,喻词常用"是""变成""成了"等。

  例句: 我们的祖国是花园。

- 借喻是借用喻体代替本体,即只出现喻体,本体和喻词均不出现。

  例句: 秋天柿子树上挂满了红灯笼。

学以致用

好的比喻,不光是拿一件东西比喻另一件东西,更需要有细节的描写,这样的比喻才更准确。如果让你来比喻一年四季,你会怎么写呢?你可以试试,分别用明喻和暗喻来写四季,看看你更喜欢哪一种。

16 没有对比就没有伤害

你可能听说过一句话,"没有对比就没有伤害"。这一讲,我将带你从古人的语言艺术中,发现"对比"的妙处。

潘岳妙有姿容　　《世说新语》

潘岳妙有姿容，好神情①。少时挟弹出洛阳道，妇人遇者，莫不连手共萦②之。左太冲绝丑，亦复效岳游遨，于是群妪齐共乱唾之，委顿③而返。

① 神情：神态风度。
② 萦：围绕。
③ 委顿：疲乏，没有精神。

潘安的身姿和容貌都很漂亮，神情优雅。他年轻的时候，夹着弹弓走在洛阳的街道上，妇人们看到了，就手拉手围成圈不让他走。左思容貌非常丑，他也仿效潘岳在街上游荡，于是一群老妇人一起冲他吐唾沫，他就垂头丧气地回家了。

古文今读

《世说新语》有一个门类，叫"容止"，就是容貌举止。潘岳的这个故事，就被编在这一门类里。

潘岳是西晋文学家。在历史上，他更为人熟悉的名字叫潘安。有一个形容美男子的成语，叫作"貌比潘安"，说的就是他的故事。

魏晋时代是个看脸看身材的时代，尤其看重男人的相貌。在这段文字中，潘安身高多少，眼睛鼻子到底长什么样；左思绝丑，又是如何嘴歪鼻子斜的，其实都没有提到，只说了他们俩出门时受到的不同待遇。那时候的女性，围观起著名美男子来，阵势一点儿都不比今天的粉丝追星弱，甚至拉起手围成圈不让人走。可是对于丑男人，她们也毫不留情，竟然会当街吐唾沫。

前后一对比，就算没有照片跟画像，也能想象潘安的英俊潇洒和左思的猥琐丑陋了。试想一下，如果这两个人，你是在不同的地方看到的，那潘安的美和左思的丑，是不是就没有那么强烈的感觉了？一旦有了对比，想想都很同情左思受到的一万点暴击伤害。

魏晋南北朝是中国历史上一个很特殊的时期，一方面，社会动荡，战争频繁发生；另一方面，社会风气却相对自由。女性的地位有所提高，士族女性不仅有机会接受教育，甚至还能做官、参与政治，所以，出门围观个美男子也没什么问题。当时出现了很多才女，比如谢安的侄女谢道韫，她就很会写诗，也能参加男人们的雅聚。还有刚才说的丑男子左思，他的妹妹左棻也很有才华。

而故事中提到的这两个男子，虽然样貌上天差地别，但都很有才华。

潘安感情细腻，多愁善感，是个一点都不花心的美男子，妻子去世后，他还写下《悼亡诗》，抒发自己对妻子的怀念之情，文字真挚感人，成为中国悼亡诗开先河之作。

而左思更是才华横溢。当时他写了一篇名叫《三都赋》的文章，受到了人们的追捧，豪门望族争相传抄，结果搞得洛阳的纸都涨价了。成语"洛阳纸贵"，讲的就是左思的故事。

一千多年过去了，再漂亮再丑陋的美男子也已灰飞烟灭，反而是这两个人的文字，照亮了历史的天空，谁又会在乎他们的相貌呢？这也是为什么我们说文字可以不朽。

《世说新语》的这段文字比较写实，写的是人与人之间相貌的对比。那么，如何用对比的方式，来描写虚的东西呢？

春秋时候的思想家孔子，就是那位站在河边感叹"逝者如斯夫，不舍昼夜"的老人家，就是一个运用对比来让人理解概念的高手。

比如，孔子经常对比什么是君子，什么是小人。他说："君子坦荡荡，小人长戚戚。"意思是君子心胸开阔，小人经常忧愁。又比如："君子喻于义，小人喻于利。"意思是君子懂得道义，小人只知道利益。

这是用两个相反的概念来做对比。而比这更难的，是做相近概念的对比。

下面我们再来看一段稍微难一点儿的古文，试着去理解更抽象的东西。这句话同样是孔子说的，出自《论语》。

《论语》一则

子曰:"不得中行①而与之,必也狂狷乎!狂者进取,狷者有所不为也。"

① 中行:行为合乎中庸之道。

孔子说:"我找不到行为合乎中庸之道的人交往,只能与狂放和狷介的人交往了。狂放的人敢于进取,狷介的人知道有所不为。"

古文今读

这句话是说交朋友的,孔子的理想标准是和"中行"的人交朋友,"中行"就是行为合乎中庸之道的人,这种人非常少,很难找。如果没有,人又不能不交朋友,怎么办呢?孔子给的判断标准就是"狷"和"狂"。

这两个字很有意思,都是反犬旁,张牙舞爪的,你一看就知道这两种人不是"中行"的人。孔子先肯定了这两种人都是可以交的。

既然一个叫"狂",一个叫"狷",肯定有差别,孔子就说了:"狂者进取，狷者有所不为也。"一个比较有行动力，一个知道做事的边界；一个知道争取，一个懂得拒绝。这是一组非常妙的对比，对概念进行区分，我们反而更能体会出两者之间微妙的差别，觉得孔子的观察和判断，真的是精准！

关于"狂"和"狷"这组绝妙对比，还有一个好例子。

中国现代文学史上有两位大家：闻一多和朱自清，后人评价他们两个人，用了"朱狷闻狂"四个字，一听就是从《论语》里来的。我觉得这个对比评价也非常精准。

首先，拿来做对比的两个事物得有共同特征。你很难拿一只蚂蚁和一根香蕉做对比，除非找到它们之间的共同点。从这一点来说，闻一多和朱自清有很多相似之处，他们都是著名文学家，都毕业于清华大学，抗战时期，都在西南联大当教授。甚至他们俩的作品，都入选了中学语文课本。闻一多有《最后一次演讲》，朱自清有《荷塘月色》和《背影》。

"朱狷闻狂"四个字，非常简洁地区分了他们两个人个性的不同。狂者进取，闻一多是一个像火山爆发一样的人，入选语文课本的《最后一次演讲》，真的是他人生的最后一次演讲。演讲中他痛斥国民党特务的暗杀行径，演讲结束后，他也遭到了暗杀。而朱自清是个性格很温和的人，但他清楚什么是有所不为。他拒绝领取美国救济的面粉，最后因严重胃病去世。

因此，用"朱狷闻狂"来形容这两个有骨气、有胆魄的知识分子，真是再恰当不过了。

文学常识

狷狂

在古代,"狷"多指洁身自好,不肯同流合污。"狂"则是指不拘一格,气势猛烈,蔑俗轻规。古代文人狂而进取,狷而自守,以狷狂为一种风骨、态度。

洛阳纸贵

原指西晋时人们争相传抄左思的《三都赋》,以至洛阳的纸张都涨价了。后喻作品为世所重,风行一时,流传甚广。

学以致用

对比的核心在于,拿来做对比的两个事物,要有共同特征,这是进行对比的基础。通过对比,不仅能让相近的概念更鲜明,也能让相反的概念有区分。你能不能用对比的手法写一小段话,比如,对比两部你喜欢的科幻电影,两种乐器,两种音乐风格,或者两位作家等。

17 骂人和夸人的艺术

所谓婉转，就是有话不直说，骂人得绕着圈子骂，夸人也得绕着圈子夸。

我小时候的英语老师说过一句话，"当你会用一门外语骂人的时候，就是把这门外语学到家了"。所以，你可别小看骂人这件事，这真是语言里的顶级技术活。

《论语》一则

宰予昼寝①，子曰："朽木不可雕也，粪土之墙不可圬②也！于予与何诛③？"

① 寝：睡觉。
② 圬：用来涂抹粉刷墙壁的工具。句中作动词，指粉刷、把墙面抹平。
③ 诛：深责。

宰予白天睡大觉，孔子说："腐朽的木头无法雕刻，肮脏的土墙没法粉刷。对于宰予这个人，我还有什么好说的呢？"

古文今读

宰予是孔子的学生。孔子是个对待学生很有耐心的好老师，总是根据学生的不同情况，用各种各样的方法去启发他们，而这段话，几乎是《论语》里他唯一的一次对学生这么严厉。你可能觉得这老头儿有点苛刻了，现在我们很多人中午不都要打个盹睡个午觉吗？睡个午觉有利于精力恢复，下午才能更好地工作和学习啊。

但我要提醒你两件事：

一来，孔子是一个特别珍惜时间的人。还记得那句"逝者如斯夫，不舍昼夜"吗，这是孔子站在河边发出的感叹，是一个人对一去不复返的时间发出的焦急的感叹。

二来，要知道自从爱迪生发明了电灯，夜晚才变得真正明亮起来，可以跟白天一样加班工作或娱乐玩耍。而孔子所处的时代，夜晚人们最多就是点个小油灯。对那时的人来说，日出而作，日落而息。白天的时间可太宝贵了，舍不得浪费一丝一毫。所以，在孔子看来，不珍惜白天的时间，就是个大问题。

于是孔子就批评宰予了，但孔子毕竟是老师，他并没有直接说宰予如何懒惰，如何不上进，而是打了两个比方："朽木不可雕"和"粪土之墙不可圬"。在这么生气的情况下，孔子也并没有直接贴标签，说宰予就是"朽木"和"粪土之墙"，他说的是一个对别的事物的判断，腐朽的木头无法雕刻，肮脏的土墙没法粉刷，就比直接说"我看你这个人没什么出息"要高明得多。孔子其实给后来的老师和父母们做了很好的榜样。

说完孔子怎么批评学生，我们再来看一个国君斥责臣子的例子。

这个故事发生在春秋时期。有一次，秦国国君秦穆公打算攻打晋国，出发之前，秦穆公请教了一位叫蹇叔的老臣。蹇叔不同意出兵，但秦穆公还是一意孤行。所以军队出发的时候，蹇叔去送行，哭着说："我见得到大军出去，见不到他们回来了。"

这下可惹恼了秦穆公，他就说了一句：

尔何知？中寿，尔墓之木拱矣！

这句话如果换成一个没教养的现代人，会怎么说？"老不死的。"

你可千万别学。不过，秦穆公也确实是这个意思。他说的是，你知道什么？如果你在中寿的年龄死去，你坟墓上的树都该长得有双手合抱那么粗了。

"拱"的意思是双手合围，双手合抱才能围住的树，的确很高了。这的确是绕着圈子骂人，秦穆公是国君，面子上总是要过得去，所以不能直接骂人，但说"尔墓之木拱矣"，其实是诅咒人家早死。当然，故事的结局果然像蹇叔说的，秦军大败，连三个主帅都被俘虏了。后来，秦穆公不得不穿着白色的衣服，向打了败仗回来的士兵和将军道歉，很后悔自己没有听蹇叔的话。

虽然我们今天提倡语言文明，但作为一个研究过语言学的人，我得告诉你，这个世界上并没有一种语言，纯洁到一句骂人批评人的话都没有。人之所以要骂人批评人，是因为情绪极度愤怒，需要宣泄出来。在人类社会早期，普遍都会有语言崇拜，人们相信说出来的话、写下来的字，是会成真的，能够改变现实。所谓骂人，就是心理上希望骂的那些话真的能伤害别人。所以，你也可以把骂人理解为一种不流血的暴力。

只要人有情绪，就会产生骂人批评人的冲动。但是，在正常的社会规则下，像孔子、秦穆公这样，绕着圈子批评、斥责别人，确实没那么冒犯人，回转的余地也会大一些，这是一种语言智慧的体现，也是婉转的艺术。所以，如果你在网上看到有人用很暴力的语言发表评论，大可以直接判断那是很低水平的情绪发泄。

说完了古人骂人的艺术，不妨再来看一段古人夸人的文字。

天下才共一石

谢灵运[1]

天下才共一石[2]，曹子建独占八斗，我得一斗，天下共分一斗。

[1] 谢灵运：原名公义，字灵运，小名客儿，世称"谢客"。
[2] 石：古代容量单位，读 dàn，一石相当于十斗。"天下才共一石"，就等同于天下的才共有十斗。

如果天下的才华共有一石的话，曹植一个人就占了其中八斗，我占一斗，其余的人共分剩下的那一斗。

古文今读

这段话是南北朝时期的诗人谢灵运说的。谢灵运是当时杰出的诗人、文学家。少即好学，博览群书，工诗善文。其诗与颜延之齐名，并称"颜谢"，开创了中国文学史上的山水诗派。他夸的是谁呢？曹子建，也就是曹操的儿子曹植，他是当时出了名的大才子。你一定听过他的《七步诗》："煮豆燃豆萁，豆在釜中泣。本是同根生，相煎何太急？"

《洛神赋》也是他的代表作。东晋画家顾恺之还以《洛神赋》为蓝本，创作了《洛神赋图》，是现存的中国古代绘画中第一幅改编自文学作品的画作。

要夸一个人有才华，该怎么夸呢？要知道，才华这东西很抽象。我们说谢灵运夸得巧妙，首先，他是把全天下的才华给量化了，总共一石，然后划出比例来，曹植一个人就占去了八成。

最逗的是，谢灵运顺便还把自己给夸了一下。他自己占了一成才华，剩下的那一斗，别的人分分算了。这里头暗含的意思是，天下文章曹子建第一，谢灵运第二，后面的人可以忽略不计了。但是，他如果那样说就太直白了，恐怕要招人非议。虽然谢灵运夸曹植夸得有点狠，但因为很形象，这个夸法就真的被后世接受了。我们今天夸人有才华的成语"才高八斗"，就是从这里来的。

然而，中国传统文化讲究谦虚，被人夸奖之后，即便心里乐开了花，口头上也得谦虚地说："哪里哪里，我还差得很远。"这也是一种言辞上的婉转。

曾经有一个笑话：一个美国人夸一个中国女孩漂亮，女孩按照中国人的思维，用英语客气地回应"where, where"（哪里哪里），夸人的人只好回答"everywhere"（哪里都漂亮）。

不过，在现代社会，我们可以更自信地接受夸奖。比如，如果有人夸你文章写得好，你不妨大大方方回答："谢谢，我今年学了很多有意思的古文，收获很大呢！"

文学常识

古代常用容量单位

古代常用容量单位由小到大依次有升、斗、石（斛）、钟等。十升为一斗，十斗（斛）为一石，十石（斛）为一钟。斗斛之禄、书中自有千钟粟、升米恩斗米仇等典故，都与古代容量单位有关。

才高八斗

谢灵运用来夸奖曹植的话"天下才共一石，曹子建独占八斗"，演变成了一个夸奖别人有才华的成语：才高八斗。

朽木不可雕也

出自《论语》，后来也被简化成"朽木"，用来比喻不可造就的人。

学以致用

婉转地夸奖或批评他人，是一个人语言水平高的体现。你也试着写一段话，来评价身边的人或事吧，夸奖或者批评都没关系，但一定要学会婉转。

18 / 如何体面地谈钱

中国文化里有个很特殊的"不好说",就是不好意思谈钱。作为一个生活在现代商业社会的人,你可能会觉得很奇怪,生活中谁也离不开钱,有钱不是件好事吗?赚钱、花钱既正常,也很正当。但古人对待金钱的观念,却跟我们不同。

乞米帖　　　颜真卿[1]

拙于生事，举家食粥，来已数月。今又罄竭，只益[2]忧煎。辄恃深情，故令投告，惠及少米，实济艰辛。仍恕干烦也。真卿状。

[1] 颜真卿：唐代著名书法家，开创了书法中的"颜体"。他的字刚劲大气，有盛唐气象。
[2] 益：更加。

我不擅长谋求生计，全家人喝粥，已经喝了几个月了。如今米又吃光了，只剩下发愁煎熬，只能仰仗我们交情深，所以写信向您求助，恩惠我一点粮食，好度过这苦日子。还请原谅我的打扰。真卿书。

古文今读

在不同文化的语言里，都会有一些不好说、不方便说的事，比如涉及禁忌、死亡、不干净的东西、身体的隐私部位等。遇到这些情况，全世界的人都倾向于不直接说，而是采用各种各样委婉的表达方式。

在中国古人的观念里，谈钱就是一件很不好意思的事情。

一来，古代的读书人从小读《论语》，孔子教学生要安于清贫。你还记得我们讲过的"一箪食，一瓢饮"吗？读了圣贤书，怎么好意思汲汲于富贵呢！汉语有个词叫"清高"，谈钱显得很俗气。

二来，中国古代重农抑商，商人地位不高，连带商品经济的重要标志物——钱，也显得很不高级。

于是，到了一些极端的人那里，甚至连"钱"这个字都说不出口。

西晋有个大官叫王衍，他自恃清高，对钱嗤之以鼻，既不愿意碰，也不愿意提。他老婆是当时皇后的亲戚，家里很有势力，也很有钱。

有一次，他老婆为了捉弄他，就趁他睡着的时候，叫仆人在床的周围铺了一大圈铜钱，想让他醒来后下不了床，逼他说出"钱"字来。第二天，王衍醒来一看，赶忙把仆人喊来，用手指了指那些钱说："举却阿堵物。"意思是，把这个东西搬走。你瞧，他还是坚决不肯提钱。

从这个故事可以看出，钱对于古代的文人来说，是个需要婉转、拐弯抹角来言说的东西。所以，颜真卿虽然家里穷，却不好意思跟人借钱，只好借米。所谓《乞米帖》，其实就是个借条，落款的"真卿状"，其实就是个签名。

颜真卿在唐代是三朝重臣，从唐玄宗、唐肃宗一直到唐代宗，官至吏部尚书、太子太师。这样一个朝廷重臣、著名书法家，怎么会穷到要去借米呢？

原来，当时恰逢关中大旱、江南水灾，收成很不好。颜真卿虽然身为吏部尚书，但主要靠俸禄养家糊口，没有从别处来钱的门路。因此，遇到这样的天灾，他穷得揭不开锅，要去跟人借米。他去跟谁借呢？不是什么富商大贾，而是同事兼好友李太保。

后来，颜真卿被朝廷派去警告叛军的首领，最后被杀害了。他一辈子耿直廉洁，光明磊落，从这张借米的小条子，就能窥见他的为人。

不算落款的"真卿状"，《乞米帖》全文只有四十一个字。

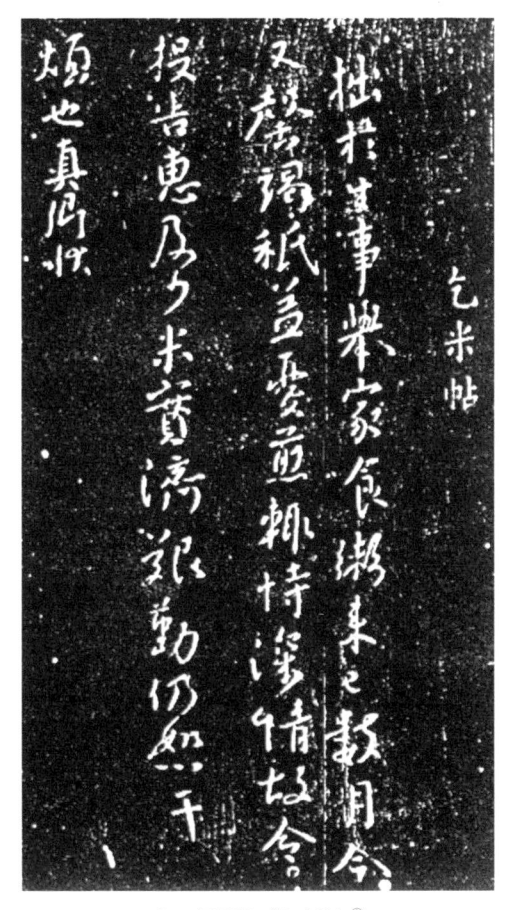

开头那句"拙于生事"是点睛之笔。当时朝廷里的贪官，肯定有的是捞钱的办法。但只用这四个字，颜真卿就把自己跟那些人划清了界限，说"我不擅长谋求生计"，这才引出后头家里喝了好几个月粥，终于还是扛不住了的事。

这是一个求助者的自尊："我自己已经想尽了办法，确实是连粥都

唐·颜真卿 《乞米帖》[1]

---

[1] 颜真卿《乞米帖》，约书于永泰元年（765年），拓本，行书。图为浙江省博物馆藏南宋留元刚《忠义堂帖》本。

喝不上了，才向朋友求助的。"后面一句"辄恃深情"，是说我仗着咱俩交情好，跟朋友很坦荡。

他跟朋友求什么呢？原文中说"惠及少米，实济艰辛"。从这句话里你能看到，这个求救很克制，求的是米，不是钱，而且没有具体的数量，还特意说"少米"，强调"少"，怕给人家太大负担。想来颜真卿这样的人，朋友也阔不到哪里去。寥寥几笔，颜真卿的诚恳、风骨都体现在纸上了。

颜真卿还写过一个《鹿脯帖》，也是写给李太保的信，信里除了问候朋友，主要是想跟李太保讨一点鹿脯。鹿脯就是鹿肉干，这可不是颜真卿嘴馋，而是他的夫人生病，配药需要鹿脯，家里没有，只好开口跟李太保要一点。对于朋友来说，在这样有真困难的小事情上被求助，被需要，也会觉得很欣慰。

相较起来，今天有些人会为了买最新款的手机、最潮牌的衣服而跟人借钱，这境界就和颜真卿差得远了。

讲完了颜真卿的借条，我们再来看一个反面例子，这是一个日本人用古汉语写的借条。中国文化对日本影响很深，古代日本很多重要典籍是用中文写的；在现代日文里，也保留了大量汉字。所以，古代日本的很多文人，也都会写汉诗、汉文。

比如，日本江户时代有一位俳句大师，叫松尾芭蕉。他写过一句特别有名的俳句：

闲寂古池旁，青蛙跳进水中央，扑通一声响。

那么，松尾芭蕉是怎么写借条的呢？

欲往芳野行脚，希惠借银五钱。此系勒借，容当奉还。唯老夫之事，亦殊难说耳。

意思是，我打算去芳野旅行，希望你能借给我五钱银子。既然是借，自然会还。不过老夫我这个人嘛,也很难说的。

跟中国文人谈钱的婉转相比,松尾芭蕉确实够耿直,不但直接说要借"银五钱",而且明言借钱是为了去旅游。颜真卿乞米,并没有说还,不说恰恰是对朋友的尊重,这是中国的人情世故里很微妙的地方。不说还,不等于不还,大家有彼此心知肚明的信任。

但松尾芭蕉跟他的学生借钱,一面说"此系勒借,容当奉还",但下一句又说"唯老夫之事,亦殊难说耳"。站在被借钱的人的角度,看到这个借条,会不会觉得很尴尬?这么借钱,实在是不够体面。

比松尾芭蕉更耿直的,是著名的印象派画家梵高。梵高跟他弟弟,那不能叫借钱,只能叫要钱。他的信是这么写的:

什么也不多说了,寄给我点钱吧!此刻我的钱都已经花光了,完全花光了,所以我再次给你写信。如果你能寄给我一些钱,哪怕只有五法郎,也这样做吧!

颜真卿、松尾芭蕉、梵高的三封信彼此对照,你就更能看出中国古人的含蓄婉转了吧?

古汉语常用字

● 只<u>益</u>忧煎
　　　更加

益

举一反三

君之病在肌肤，不治将益深。《韩非子·喻老》

如水益深，如火益热。《孟子·梁惠王下》

文学常识

颜筋柳骨

颜真卿，字清臣。唐代名臣、书法家。书法精妙，擅长行书和楷书。他的正楷端庄雄伟，行书气势遒劲。其所创"颜体"楷书，对后世影响很大。与赵孟頫、柳公权、欧阳询并称为"楷书四大家"。又与柳公权并称"颜柳"，被誉为"颜筋柳骨"。

学以致用

中国古代的文人不好意思直接谈钱，于是钱就有了很多代称，比如阿堵物、孔方兄。你在读书的时候，还遇到过哪些婉转的表达，请你摘录下来，并且做个分析——这些文字背后的意思是什么？

19 / 如何使用外交辞令

你有没有听过一个词,叫作"外交辞令"?这是一种国家跟国家交往时在重要场合使用的沟通语言。这一讲,我们要学习的这篇古文非常短,只有三十个字,但绝对算得上中国古代外交辞令排行榜中的佼佼者。

致孙权[1]信　　曹操[2]

近者奉辞伐罪，旌麾[3]南指，刘琮束手。今治水军八十万众，方与将军会猎于吴。

[1] 孙权：字仲谋，三国时期孙吴政权的建立者。
[2] 曹操：字孟德，东汉末年政治家、军事家、文学家，三国时期曹魏政权的奠基人。
[3] 旌麾：读 jīnghuī，指旗帜。

近来，我奉朝廷的命令，讨伐有罪的人，向南进军，刘琮已经投降了。现在，我训练了八十万水军，想要约将军您一起在东吴打猎。

古文今读

这段古文是赤壁之战前,曹操写给孙权的一封信。

这段话看上去风平浪静,曹操想约孙权一起打猎,倒是好雅兴。但孙权收到这封信之后,朝廷里就像一滴水掉进了热油锅,大臣们脸色大变。长史张昭等许多官员马上就说,咱们投降吧,曹操就像虎狼一样。孙权听不下去了,只好起身去上厕所,只有鲁肃追了上去,鼓励孙权一定要抵抗。

你可能会觉得奇怪,曹操没说要打仗啊,不就是约孙权一起打猎吗,有什么好怕的?其实,曹操这封信的意思根本不是约孙权打猎,而是约战。这是一种典型的外交辞令,曹操其实是给孙权下了一封战书。

外交辞令的特点,可以简单概括为三个词:有理,有力,有节。

下面我们就用这三个标准,来解读曹操的这封信。

第一句"近者奉辞伐罪",这叫"有理"。曹操当时名义上是汉献帝的丞相,其实他是挟天子以令诸侯,借着汉献帝的名义发号施令。他说自己"奉辞伐罪",就是奉朝廷的命令讨伐有罪的人,这里说的是孙权割据江东,一下子就以朝廷的名义,给孙权定罪了。这是曹操先占了"理"。

再看后面两句"旌麾南指,刘琮束手",意思是说我往南打,刘琮已经投降了。刘琮是荆州牧刘表的儿子,是汉朝的皇室宗亲,所以,他的投降意义非同凡响。这是曹操向孙权展示自己的赫赫战功。

后一句"今治水军八十万众",是曹操在展示武力值,他准备了八十万水军,用这个兵力吓唬孙权。这前后几句,合起来叫"有力"。在外交场合,没有实力的话,说什么都是白说。

到了最后一句"方与将军会猎于吴",反倒显得轻描淡写,这叫"有节"。虽然是下战书,但不明着说打仗,而是说一起打猎,这就是外交辞令的含蓄婉转。

短短三十个字,却表达出了四层意思,有理、有利、有节都占全了,说它是古今外交辞令中的佼佼者,你觉得够不够格呢?

在说话拐弯抹角这件事上,英国人也很厉害。比如,英语中有一个词 interesting,意思是有趣。这个词听上去很普通,但是,如果你听到一个人在那儿说得天花乱坠,而另一个人微笑着说:"It's interesting!"他的潜台词其实是"你胡说八道"。

在我们的现代汉语里,这种潜台词也常常被使用,比如网上聊天特别常用的一句"呵呵",背后的意思就很丰富。真的懂一门语言,不光要明白字面的意思,更要能体会没说出来的、背后的真正意思。

不过呢，曹操的战书虽然写得很厉害，赤壁之战却向着与他期望相反的方向发展了。虽然曹操号称有八十万大军，但其中大量的北方士兵因为不习惯坐船，曹操就下令把战船连了起来。孙权后来联合刘备，趁着东风发动火攻，把曹操的战船连同营寨，烧了个精光，孙刘联军大获全胜，这就是历史上著名的"火烧赤壁"。

这个历史故事你可能知道，但现在，你连战前这封著名的战书，也一清二楚了。

读完曹操的外交辞令，我们再注意古文里的两个词，"旌麾"和"会猎"。这两个词用了特殊的修辞手法，前者是借代，后者是比喻。

什么是借代呢？就是不直接说一个人或者事物，而是用相关的事物来指代。比如"旌麾"，就是指挥战斗的帅旗。在曹操的战书里，"旌麾南指"，是说主帅向南进攻，用帅旗代指了主帅。而"会猎"的意思根本不是打猎，而是在比喻打仗。

古人特别喜欢在诗文里使用借代手法，我们不妨再来看一个与赤壁之战有关的例子。

念奴娇·赤壁怀古（节选）　　苏轼

遥想公瑾当年，小乔初嫁了，雄姿英发。羽扇①纶巾②，谈笑间，樯橹灰飞烟灭。

1　羽扇：用鸟羽制成的扇子。
2　纶巾：青丝制成的头巾。

遥想当年的周瑜春风得意，小乔刚刚嫁给他做妻子，英姿雄健，风度翩翩，神采照人。手摇羽扇，头戴纶巾，谈笑之间，就把强敌的战船烧得灰飞烟灭。

金·武元直 《赤壁图》

古文今读

在苏轼的笔下，年少的周瑜意气风发，胸襟开阔，气概豪迈，是他心中仰慕的大英雄。

你可能看过《三国演义》小说或根据小说改编的电影或电视剧，因此看到戴着头巾、摇着羽毛扇的形象，很容易联想到诸葛亮。但苏轼这首词里的"羽扇纶巾"，指的可不是诸葛亮，而是周瑜。实际上，历史上为火烧赤壁立下战功的，主要是周瑜、黄盖和鲁肃，而"借东风"的故事，不过是后代小说家虚构的。

这几句词中连用了两处借代。羽扇纶巾，表面上说的是饰物、帽子，其实是指人。最后一句"樯橹灰飞烟灭"，这里的"樯橹"原本指船上的桅杆和船桨，这里用来代指整个战船，也是借代。

古文里的借代有几种情况。有的是用部分指代整体，比如刚才讲到的"樯橹"；有的是突出某个鲜明的特质，比如"羽扇纶巾"；也有用具体的东西指代抽象的事物，比如白居易的《琵琶行》里有一句"举酒欲饮无管弦"，笛子有管，琵琶有弦，"管弦"代指的是音乐。

借代，是实现语言婉转的一种重要手段。以后，你还会在古文中遇到各种各样的借代手法。

学以致用

今天，我们在网络上聊天的时候，很多话的表面意思跟实际意思其实并不一样。试着写一写，你在聊天时经常会用到哪些婉转说法。

宇宙飞船在太空中回望，
地球只是无数星球中一个闪烁的光点，
知道了这一点，人世间的失败、烦恼甚至是荣耀，
都显得没那么重要了。

第四章·寥廓之美

20 / 大国的心理尺度

你所感知的世界有多大？是你关起门来读书的那间屋子？还是你熟悉的校园和街道？可是早在春秋时期的庄子那里，一条鱼的世界都要大得多。

逍遥游（节选）　　《庄子》

北冥有鱼，其名为鲲。鲲之大，不知其几千里也；化而为鸟，其名为鹏。鹏之背，不知其几千里也；怒而飞，其翼若垂天之云。

北海有一条鱼，名字叫鲲。鲲非常大，不知道有几千里长。鲲变成鸟，名字就叫鹏。鹏的脊背，也不知道有几千里长；当鹏振翅高飞的时候，翅膀就像是挂在天边的云彩。

古文今读

地球上翼展最长的鸟是漂泊信天翁，它的翼展通常有三米多。地球上最大的海洋生物是蓝鲸，体长可达三十三米。我不能确定庄子见没见过漂泊信天翁跟蓝鲸，但在他的想象里，一条鱼，一只鸟，有几千里那么大，可比真实世界里的大鸟大鱼大太多了。当然，蓝鲸是生活在海里的哺乳动物，其实不是鱼。

我说漂泊信天翁、蓝鲸的时候，用的单位是米；庄子说鹏和鲲的时候，用的单位可是里，现在的一里等于五百米。数学里，丈量大小不同的东西，用的数量单位不一样。小的东西，比如麻雀、蚂蚁，单位常常用到厘米、毫米；说到大一点的东西，比如操场、城市、国家，则用米和千米。说到离地球很远的恒星，我们得用光年。这就是尺度的差别。

为什么说庄子给中国文化定下了一个特别大的心理尺度呢？我们来对比一下。

圣经是西方文化非常重要的经典，圣经里写到的"大"有多大呢？圣经里有一个著名的巨人，叫歌利亚，是腓力斯丁人的勇士，他带兵攻打以色列——犹太王国。连续四十天，歌利亚每天两次向对手发起挑战，要进行一对一的决斗。人们都很害怕他，因为他是个巨人，力大无穷。

圣经里描述歌利亚身高的单位是手肘和虎口，拿人的身体做尺子，一肘等于两虎口。虎口是哪里呢？把你的四指并拢，拇指张开，从食指尖到拇指尖的距离就是虎口。

人有高矮胖瘦，圣经里究竟是按谁的手肘和虎口算呢？因为距今年代久远，各种解释并不统一。但不管怎么算，一肘也就四、五十厘米。这么算下来，巨人歌利亚大约高三米左右。

在圣经的故事里，最后打败巨人歌利亚的，是一个聪明的少年，这个少年叫大卫。是不是想起雕塑家米开朗琪罗的大卫像了？没错，就是那个大卫。近身决斗，大卫肯定打不赢歌利亚，但他发现歌利亚有个弱点——眼神不好。所以大卫想了个办法，从河里挑了五块光滑的石头，用长长的绳子拴着石头，远远地打中了歌利亚的额头，最后战胜了他，成了拯救族人的大英雄。

所以，对比一下你就知道，圣经里写的巨人只有两三米高，而庄子《逍遥游》里写的是翅膀长几千里的大鹏鸟，这个量级差得太远了。

按照《逍遥游》后面的描述，这只大鹏鸟往南海迁徙的时候，翅膀拍打水面，能激起三千里的巨浪；它盘旋着，就飞上了九万里的高空。你想象一下，那么大一只鸟，从水面上起飞，翅膀激起滔天巨浪，这是何等的气魄！

现在我们如果要祝一个人前程远大，会说鲲鹏展翅，或者鹏程万里。这两个成语都源自《逍遥游》，可以算得上是很美好的祝福了。

那大鹏鸟飞那么远，飞到哪里去了呢？答案是南冥，也就是南海。这个南海，当然指的不是今天地理课本上的中国南海，而是一个想象中的地方。

庄子为什么要叫那个想象中的地方"南冥"呢？"冥"的意思是幽暗。庄子给自己想象出来的这片海起名为"北冥"和"南冥"，大概是因为他想象中的那片水域，非常远，非常大，也非常深，非常黑。

英文里冥王星的名字Pluto，来自古罗马神话中的冥界首领普鲁托。1930年天文学家克莱德·汤博发现冥王星的时候，之所以给它起这个名字，就是因为这颗行星离太阳太远太远，有几十亿公里，以至于沉默在无尽的宇宙黑暗当中，类似于西方人想象中冥王待的地方。

给想象中遥远的大海命名的庄子，跟1930年给冥王星起名字的天文学家汤博，他俩的思路是一样的，他俩说的都是天文尺度上的大和远。

庄子出生在两千多年前战国时期的宋国，当时的宋国很小，都城在今天的河南商丘；而庄子生活在蒙邑，离国都还有一小段距离呢。按照史书记载，庄子好像一辈子也没去过多远的地方。可是，庄子突破了自己的地域限制，在没有天文望远镜的时代，给中国人想象出了一个那么广阔的世界，非常了不起。

可庄子为什么要想出来这么大的鸟和鱼呢？

《逍遥游》里想说的，其实是小和大的区别。小能小到一只知了、一只斑鸠，大能大到鲲鹏、大海和天空。庄子认为，特别小的东西，就理解不了特别大的东西；寿命特别短的生物，就理解不了有几千年寿命的生物。

想想看，一个人想要心胸开阔，就不能只看见自己眼前的、普通的东西。曾经听过一个歌谣，据说在小学生中还挺流行的，跟《逍遥游》还有关系。歌谣是这么说的："鲲之大，一口大锅装不下，需要两个烧烤架，一个蒜蓉，一个麻辣。"首先，我得说，这歌谣编得挺不错，押韵，朗朗上口。可是，不得不说，这歌谣的境界可不算高——不比一口锅大，比庄子的《逍遥游》差远了。

德国当代作家舒比格写过一本童话书，叫作《当世界年纪还小的时候》，里头有一个非常短的故事，我都能背下来："洋葱、萝卜和西红柿不相信世界上有南瓜这种东西，它们认为那是一种空想。南瓜不说话，默默地成长着。"

洋葱、萝卜、西红柿个头都不算大，在它们自己的小小世界里，它们完全不能想象，世界上会有南瓜那么大的蔬菜。那么，你是愿意做小洋葱、萝卜，还是大南瓜呢？

庄子的名篇《逍遥游》，给了我们一个极其大胆的心理空间，我们的民族心理欣赏大尺度的东西，讲究气度和担当。有了这种神游几万里的胆魄打底子，才有了此后千年文脉不断的大国文化。

古汉语常用字

● 鲲<u>之</u>大，不知其几千里也
  结构助词，用于主谓之间，取消句子独立性

举一反三

左师公曰："父母之爱子，则为之计深远。"（《战国策·赵策四》）

苟子之不欲，虽赏之不窃。（《论语·颜渊》）

文学常识

井蛙不可以语海，夏虫不可以语冰

这两句皆出自《庄子》。意思是不能和只能生长在夏天的虫子谈论冬天的冰，因为它的眼界受着时令的制约；不能和井底之蛙谈论海，因为它被狭小的生活环境所局限。比喻囿于见闻，知识短浅。这种生动的比喻如同本文所讲的：境界特别低的东西无法理解境界特别高的东西。

学以致用

《逍遥游》探讨了所处空间、时间尺度的不同，会影响一个人对世界的理解。能够认识和体会"大"，对中国文化的格局有着重要影响。

你还知道哪些大国家和小国家？它们各自有什么文化特点？

21 / 人在天地间

庄子的《逍遥游》创造了一个如此寥廓的世界,让鲲和鹏遨游其间。那么这个世界的人怎样生活呢?北宋苏轼有一篇《赤壁赋》,描绘了寥廓天地之间的人。

赤壁赋（节选） 苏轼

壬戌之秋，七月既望①，苏子与客泛舟游于赤壁之下。清风徐②来，水波不兴。举酒属③客，诵明月之诗，歌窈窕之章。少焉④，月出于东山之上，徘徊于斗牛之间。

白露横江，水光接天。纵一苇之所如，凌万顷之茫然。浩浩乎如冯⑤虚御风，而不知其所止；飘飘乎如遗世独立，羽化而登仙。

---

① 既望：过了望日之后，通常指农历每月十六日。
② 徐：缓缓地。
③ 属：读 zhǔ，劝人饮酒。
④ 少焉：一会儿。
⑤ 冯：通"凭"，乘。

壬戌年秋天的七月十六日，我苏轼跟朋友在赤壁乘船玩耍。清风徐徐吹来，水面波澜不起。我举起酒杯向同伴劝酒，吟诵跟歌唱《诗经》里的《月出》《窈窕》等篇章。没过多久，明月从东山后面升起，徘徊在斗宿和牛宿之间。白茫茫的雾气弥漫在江面上，水光与天际相连。任凭小船在江上飘荡，越过苍茫万顷的水面。凌空乘风而行是多么浩荡，不知道在哪里停止。飘飘然远离尘世超然独立，像生出翅膀，飞升成仙。

古文今读

如果你知道《三国演义》，那大概听过赤壁之战的故事。苏轼是宋朝人，他不光是豪放派词人的代表，也是散文大家。这篇《赤壁赋》，就是苏轼在一个月圆之夜，借着怀想历史，抒发自己的心境。而这场赤壁之战，不仅是古代文人特别喜爱的热点题材，直到今天仍受到关注，各种根据三国故事改编的影视作品层出不穷。

这段文字总共有一百零五个字。

最妙的是这一句"纵一苇之所如"。它的妙处，在于表面平平淡淡的几个字，背后却有着含义丰富的典故。

传说中，中国佛教的禅宗初祖菩提达摩就曾一苇渡江。苏轼对佛学有很深的研究，"纵一苇之所如"这句，大概是跟菩提达摩有关的。

一苇渡江这个典故，最早出自《诗经·卫风·河广》："谁谓河广，一苇杭之。"这是说用一束芦苇做成小船就可以渡江,比喻两岸相隔很近。

不过,后人把一苇渡江的故事神化了,不管是少林寺的达摩渡江碑,还是文人画的达摩渡江图,统统画成了达摩踩在一根芦苇上渡江。但苏轼这句"纵一苇之所如",需要重点关注的,不是神奇,而是轻盈,苏轼可没有那么神奇的轻功。

"一苇"用在《赤壁赋》里为什么特别妙?因为以苏东坡当时的心情,能用出这两个字,其实非常难得。可以说,写这篇文章的时候,是苏轼一生中最倒霉的时候。因为他写诗讽刺王安石变法被弹劾,随后被关进监狱严加审问,几乎送命。这就是历史上著名的"乌台诗案"。后来,在众人营救下,苏轼才被从轻发落,贬官黄州,当了个没有实权的小官。这篇《赤壁赋》就是他在黄州写的。

苏轼开头写"苏子与客泛舟",他没提客人是谁,但其实就在这篇赋的后面,苏轼跟这位客人一问一答。客人很悲观,大段地感慨人生

短暂无常；苏轼的回答，就是在回应和开解他。

苏轼在黄州的时候，有一个叫杨世昌的朋友，是个道士，据说还善于吹箫，有些古代文学的研究者认为，这个道士就是苏轼文章里的"客"。但我猜其实苏轼是自己一个人乘船，孤孤单单去游江的。苏轼明明写了"与客游"，而且又是唱歌又是喝酒的，我为什么敢这么猜？因为他写的这个客人实在是太有才了，不但大段大段地议论，比苏轼自己的话都多，而且文采斐然。那个客人一会儿引用曹操的诗，一会儿感慨历史上的三国英雄人物，一会儿说，"哎呀，那么厉害的英雄人物，也都烟消云散"，你想想，像苏轼这样的文采，古往今来也没有几个人，他贬官到黄州那么不发达的地方，如果还能遇到这么有才华的人，苏轼怎么会连他的名字都不提？

退一步讲，即使杨世昌真的跟苏轼一起游江，那个真正跟苏轼进行对话的，也并不是他。我猜，这个发感慨的客人，只不过是苏轼为了写文章编出来的，他借客人之口，把自己内心的犹疑、悲愤，全部都表达了出来。我们今天之所以说苏轼是宋词豪放派的代表，就是因为他不是光在那儿怀古伤今，即使身处逆境，也能豁达超脱，通过回答客人提问的方式，用清风明月开解自己。这种一问一答的方式，在现代心理学上，叫作自我对话，这是一种非常积极的进行压力调节的方式。苏轼在逆境中，恰恰是这么做的。

所以，再回到苏轼这句"纵一苇之所如"，你就会知道，这么轻盈、轻快的感觉，与他当时的处境和心情相比，有非常强烈的反差。中文的美，就体现在这样的字句里，简简单单几个字，背后却有丰富的意蕴。从开头的"纵一苇之所如"，到文章末尾的"江上之清风"和"山间之明月"，"取之无禁，用之不竭"，这是何等的潇洒！

苏轼为什么能这么潇洒？因为他把自己托付给了天地，交给了江上清风、山间明月。这种感觉，你可能也有过，比如去大草原、去大海边，或许你也去野外看过星空，在浩瀚无边的世界里，你是不是也觉得自己很小很小？觉得一些小情绪、小矛盾、小烦恼，在这么大的宇宙面前，似乎都不值得多忧多虑了？

这一段古文，其实不是太难懂，但有几个重点的词，我稍微解释一下。

"既望"，指的是农历每个月的十六日。你可能有点奇怪，这两个字，跟十六有什么关系？望，在古文里，有时候不只是通常意义上"往远处看"的意思，还有"月圆"的意思，也就是指农历每月的十五日。在甲骨文里，"望"这个字像一个站着的人，顶着一只大眼睛。地球上的人，往极远处最容易望见的，就是圆圆的大月亮。所以，"望"就有了指代农历每月十五日的意思。

"既"的意思是"已经，完成"，十五日过去了，自然就是十六日，这就是用"既望"表示十六日的原因。对比一下"七月十六日"跟"七月既望"，是不是后者显得更有文化？苏轼是文学家，自然不能像村口的老婆婆那样说话，他得换个说法，用"既望"。

苏轼跟朋友在江上泛舟游玩，不一会儿月亮出来了。皎洁的月光之下，小船在江面上漂荡，"纵一苇之所如"这个"如"字，可不是我们之前讲的"逝者如斯夫"里的"如"的意思，它并不是指"像……一样"，而是"到，往"的意思，就是说小船随便去到哪里。这个用法，至今还保留在汉语里，比如去洗手间的文雅说法就叫"如厕"。

古汉语常用字

● 七月**既**望
　　　已经，完成

举一反三

既来之，则安之。《论语·季氏》

既者，尽也。有继之辞也。《穀梁传》

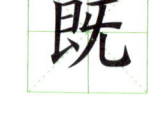

● 纵一苇之所**如**
　　　　　　到，往

举一反三

坐须臾，沛公起如厕。《史记·项羽本纪》

以一仪而当汉中地，臣请往如楚。《史记·屈原贾生列传》

文学常识

农历中的特定日期

中国古代历法中，有些日期有特定的称谓。比如农历每月初一为朔日，十五为望日，十六为既望，最后一天为晦日。晦、朔、望是基于月相的不同状态而命名的。

二十八星宿

最初是中国古代天文学家为标示日、月、五星的运行而选择的二十八个星区，后来发展为中国古代的星空区划体系。东方是角、亢等七宿，北方有斗、牛等七宿，西方有奎、娄等七宿，南方有井、鬼等七宿。"徘徊于斗牛之间""星分翼轸"等名句中都包含着星宿知识。

《三国演义》

《三国演义》是元末明初罗贯中创作的长篇小说，也是中国文学史上第一部长篇历史演义章回小说，中国古典四大名著之一。这部小说讲述了从东汉末年到西晋初年近百年的历史风云，东汉末年的群雄割据混战和魏、蜀、吴三国之间的政治和军事斗争，最终司马炎一统三国，建立晋朝的故事。"三英战吕布""赤壁之战"都是其中的经典故事。

学以致用

苏轼在苦闷的时候，假想了一个客人跟自己对话。假如你考试没考好，或者有别的烦恼，能不能也运用苏轼的办法，假想一个角色和自己辩论？这是一个特别好的缓解压力的方式。欢迎你把你的自我对话写下来。

22 / 至大至刚的浩然之气

神游赤壁,体会天地苍茫的寥廓之感,那是人与自然的关系。我们生活在社会当中,还需要有心怀天下的使命感,想要实现"为天地立心,为生民立命"的使命,不光要有愿望,还得有行动。孟子说要培养君子之气。

鱼我所欲也（节选）　　《孟子》

鱼，我所欲①也；熊掌，亦我所欲也。二者不可得兼②，舍鱼而取熊掌者也。生，亦我所欲也；义，亦我所欲也。二者不可得兼，舍生而取义者也。

① 欲：喜爱的，想要的。
② 兼：同时。

鱼是我想要的，熊掌也是我想要的，如果两样东西不能同时得到，我就放弃鱼选择熊掌。生命是我想要的，正义也是我想要的，如果两样东西不能同时得到，我就放弃生命选择正义。

古文今读

张载的"横渠四句"写道:"为天地立心,为生民立命,为往圣继绝学,为万世开太平。"这些确实都是豪言壮语、远大目标。那么如何把远大目标变成现实?关键时刻人应该怎么做,孟子给了我们答案。

"鱼我所欲也"这段话是孟子遇到人生重大选择的时候,自己非常明确和坚定的取舍标准,也就是我们说的一个人的价值观。

它给我们贡献了一句俗语和一个成语,俗语就是"鱼和熊掌不可兼得";成语就是"舍生取义"。前面一句俗语说的是现实:这个世界,不可能好东西你一个人全占着;后一句成语说的是理想:舍生取义,一个人为了理想,就连生命都可以放弃。

如果让你选鱼和熊掌,我猜听了孟子这句话后,你也会选熊掌。

今天，很少有人吃过熊掌，但绝大多数人的概念里，都觉得熊掌是很稀有的，所以要"舍鱼而取熊掌"。这句话流传很广，孟子说它们都是好东西，到了清代，蒸熊掌甚至发展成了宫廷名菜，熊也就跟着遭了殃，被人类捕杀。如今，熊是国家重点野生保护动物，吃熊掌可是违法犯罪行为。

我觉得，关于鱼和熊掌的区分，孟子说的重点可能根本就不在于吃，并不是"宁吃好桃一口，不吃烂杏一筐"的意思。

为什么这么说呢？因为在孟子之前的历史记载中，熊掌根本不是普通人吃的东西，而且根本没人说过它好吃。

《左传》中记载了一个吃熊掌的故事，发生在春秋时期的楚国。楚成王的儿子想当国君，就要把老爸杀掉。楚成王临死之前，跟他的儿子提出要吃熊掌，儿子根本不听他的，逼得老爸上吊了。

楚成王是打败过齐国的一代霸主，历史上对他评价很高，他看上去根本不是一个临死前还嘴馋的人。而且，楚国国王的姓氏是熊，老国王临死前说要吃熊掌，很可能是想借着熊掌讽刺和劝诫儿子：你这么做，能对得起祖宗和国家吗？

所以我想，在孟子的时代，吃熊掌根本不是一个跟吃猪牛羊肉或者鱼肉并列的食物选择，而是一种有象征意义的精神活动。在鱼和熊掌之间选，不是面对两种美味的选择。孟子说的是面对物质欲望和精神追求的选择。

在物欲和精神追求之间，选择精神追求；在生命和正义之间，选择正义。这就是孟子，话说得大义凛然。

读先秦时期的古文，你会发现"子"这个字出现得特别多。甲骨文是中国最古老的文字，这个"子"字在甲骨文里就有了。比起今天的汉字，甲骨文更像是画，比如"子"字，看上去就像一个伸开手臂的大头娃娃。今天的"子"字中的一横，就是甲骨文"子"中"伸开的手臂"。

"子"的意思就是"人"，在古文里，很多时候，"子"是对男人的通称。但在我们前面讲过的《论语》里，"子在川上曰"这个"子"，可不是指随便一个什么人，而是特指孔子，用一个单独的"子"字专门指孔子，是一种特殊的待遇。

把"子"放在一个人姓氏的后面，也是一种尊称。中国古代的思想家，比如我们这一讲中的孟子，前面提到的庄子，还有老子、墨子等人，都获得了"子"这个"荣誉称号"。《论语》里还有很多孔子的学生，他们的名字也带"子"，但这些子都是放在名字前头的，像子路、子由、子产等，这种就不是表示尊敬了。这种起名方式，今天好多人也喜欢用，你的同学里可能就有。

在比较了鱼和熊掌之后，孟子说："舍鱼而取熊掌者也。""舍"这个字，其实是个多音字。

一个读音是四声，比如宿舍、农舍，是名词，指的就是屋子。它头上的一撇一捺，就表示屋顶。另一个读音是三声，就是这句话里的"舍"，它是个动词，意思是放弃。

"屋子"跟"放弃"，它们之间有关联吗？其实是有的。按照古人的解释，读四声的"舍"，不是一般的屋子，而是旅馆。唐诗里有"客舍青青柳色新"。旅馆是让人停下来休息一下的地方。这个让人停下来、放弃行动的"舍"，后来改了个声调，就变成了"停止、放弃"，也就是读三声的"舍"。

有的时候，乍一看，一个字的几个含义之间没有关联，但如果像个侦探一样去推理，是能够发现含义之间的关联的。古文之所以难懂，常常就是因为一个字经过了上千年的演变。今天常用的含义，跟造字之初的本义相差甚远。但含义的变化也不是随便发生的，顺藤摸瓜、刨根问底，是一件很有意思的事情。

说完了"舍"字含义的变化，我们回到孟子这句话本身。

舍鱼而取熊掌，舍生而取义。今天我们常说，没有对比就没有伤害；同样，没有对比和放弃，也就显示不出做选择的艰难。鱼和生命都是好东西，但有熊掌和正义做对比，必须有所取舍的时候，有舍有得，才能看出来一个人真正的价值观。

有人问过孟子最擅长什么，他回答："我善养吾浩然之气。"什么是浩然之气呢？他说浩然之气很难说透，总之是最宏大、最刚强的气，所谓"至大至刚"。孟子给中国的读书人，树立了一个很刚强、很硬气的精神形象。

还记得前面提到的林觉民吗？他在黄花岗起义牺牲，并葬在广州黄花岗七十二烈士墓。以前我每次路过墓园，都会认真看一眼门口的牌坊，上面刻着孙中山题写的"浩气长存"四个大字。你看，孟子的"浩然之气"，这里简缩成了"浩气"。

"浩气长存"四个字，写在黄花岗烈士墓最合适不过。当时死难的，很多是像林觉民一样年轻的读书人。这些年轻人为了他们心中的大义，不惜离开家人，舍弃生命，真的是体现了孟子所说的舍生取义。

古汉语常用字

● **舍**鱼而取熊掌者也
　放弃

举一反三

求则得之，**舍**则失之。（《孟子·尽心章句上》）

舍命不渝。（《诗经·郑风·羔裘》）

舍

学以致用

遇到重大的人生抉择，宁可舍弃生命，也要选择正义，这是孟子非常推崇的人生价值。

想一想，什么场景会让你的内心也产生浩然之气激荡的感觉？

23

四平八稳的对称

有一种中式审美，穿越了历史烟尘，概括成四个字，叫"四平八稳"，概括成两个字，就是"对称"。对称，不仅仅是美学理念，也是精神追求，它的背后是规则和秩序。

官箴[1]　　张聪贤

吏不畏吾严，而畏吾廉；民不服吾能，而服吾公。廉则吏不敢慢[2]，公则民不敢欺。公生明，廉生威。

[1] 官箴：是古代中国居官格言之类的著作。共一卷，宋代吕本中撰。吕本中，字居仁，号东莱先生。吕公著之曾孙。曾任济阴主簿、起居舍人，官至直学士院。一生著述甚丰。
[2] 慢：轻慢。

衙吏不害怕我严厉，而是害怕我廉洁；百姓不是信服我的能力，而是信服我公正。廉洁，衙吏就不敢轻慢；公正，百姓就不敢欺瞒。公正产生严明，廉洁产生威信。

古文今读

这段有着对称之美的文字，是古代著名的官箴。所谓官箴，就是做官的基本准则。

这段话表面的意思都很清楚，但是我要提醒你一个字：慢，这里它可不是通常你熟悉的那个"缓慢"的意思，而是"轻慢"。慢这个字，左边是个竖心旁，与心理活动有关，所以，慢本来的意思就是态度上的轻慢、傲慢；这是一种心理活动，不殷勤，不重视。正因为不殷勤、不重视，行动上也就比较迟缓、比较慢，这才是我们现代常常用到的"慢"的意思。

这段话总共三十六个字，出现了三组对偶句，讲了三层意思，层层递进，而且句子越来越精练。

怎么理解这三层递进关系呢？你可以闭上眼睛，想象自己进入了一个中式的三进院子。

这个院子总共有三道门，你打开第一道门，右边是官吏的怕与不怕，也就是"吏不畏吾严，而畏吾廉"；左边是百姓的服与不服，也就是"民不服吾能，而服吾公"，这就点出了核心概念：廉和公。我们再往前走，然后推开第二道门，这里的院子小一点，说的是有了廉和公，官吏和百姓各自不敢做什么，官吏是不敢慢，百姓是不敢欺，一左一右还是对称的。最后推开第三道门，是个更小的院子，左右各三个字：公生明，廉生威。这个用词语搭成的院子，完全是对称的。

对称是一种美，一种数学的美。数学老师大概会告诉你，所谓对称，是以一个点或者一条线为中心，两边的形状和大小一样或者一致。正方形和长方形是对称的，圆也是对称的。

但是，能把这种对称之美应用在语言文字里，据我所知，世界上只有汉语能做到；不但做到了，而且大量使用。

咱们的诗歌里有"留连戏蝶时时舞，自在娇莺恰恰啼"，还有"沾衣欲湿杏花雨，吹面不寒杨柳风"。就连俗话里也有"天王盖地虎，宝塔镇河妖"。

汉语是怎么做到这么整齐平衡的呢？原因很简单，汉语的语音往往是单音节，也就是一个字只有一个音节。你可能不太知道什么叫"单音节"，我稍微解释一下，比如"蕉"这个字，它是单音节；而英语的banana，它是三个音节。

汉字写出来是方块字。小时候刚开始学写字的时候，你可能用过田字格的本子，字得写在格子里，最好每个字差不多大，才是好看的。学英语可没有这样的方格本，因为单词都是长短不一的，没法写到一个格子里。正因为汉字是方块字，每个字大小都差不多，中国才会有对联。

而汉语里的对称一般叫对偶或者对仗，前后两句话中相同位置上的字，意义要相近或者相反，甚至声调上都有对称的讲究。比如在刚才举的例子里，"留连戏蝶时时舞，自在娇莺恰恰啼"，"留连"对"自在"，"戏蝶"对"娇莺"，"时时舞"对"恰恰啼"。古代的小孩进私塾读书，刚开始时很重要的功课，就是对对子。

说到对对子，有一本书叫作《声律启蒙》，没准儿你听过一首同名的歌。没错，这首歌的歌词，就是从我说的这本书的第一篇里来的："云对雨，雪对风，晚照对晴空。来鸿对去雁，宿鸟对鸣虫。三尺剑，六钧弓，岭北对江东。"

《声律启蒙》每一篇的对子从易到难，从单字对、双字对，到三字对、五字对、七字对,最后加到十一字,读起来像唱歌一样。如果你喜欢对子,或者喜欢古诗,读熟这本书大有好处。

喜欢对称,原本是人类的一种共性心理。心理学家做过分析,人类越觉得漂亮的脸,就越是对称,也就是我们说的"五官端正"。对此,进化生物学家这么解释,完美的人脸和身体,都是对称的,万一不对称,都是由疾病导致的。所以,那些对称性越好的人,就意味着他抵抗病害的能力越强,他在生物竞争中就越有优势。

但是中国文化把对对称的追求推到了极致。我们喜欢好事成双,看到落单的,就觉得难受,连数字也觉得偶数更让人喜欢。

而我们的传统建筑都有中轴线,小到民宅四合院,大到皇宫、寺庙。对称,在视觉上给人一种平衡、稳定、庄严的美感。从现存建筑的角度来看,中国文化中将对称演绎到极致的,要数北京的故宫。如果你站在北京景山的最高处,向下俯瞰,朱红的宫墙和金色琉璃瓦顶的宫殿,都沿着一条中轴线对称分布,和谐而庄严,用"四平八稳"来形容最恰当不过。

故宫的美,就是一种在平面上铺展开来的美,这也体现了中国美学里"寥廓"这个概念。而对比起来,西方建筑是什么样的呢?如果你去过巴黎,或者见过图片,那你就会发现,巴黎圣母院或者埃菲尔铁塔这样的著名建筑总是在追求高,而不是追求寥廓。圣经里甚至有个可以通到天上的巴别塔。

到了现代,很多城市拼命建造摩天大楼,这个风潮也是从欧美过来的。而中国古代建筑,即便是古代的皇宫,也并不求高,而是求"阔"。故宫最高的太和殿,它的高度连同台基也只有35米,差不多相当于今天的10层楼高。而整个故宫像是摊大饼一样,铺在72万平方米的地盘上。这大概是一种农业文明的留存。关起门来过日子，能圈的地儿越大越好。而在西方，因为受到宗教影响，总想着飞升天堂，才有了高高的哥特式教堂的尖顶。

说完了中国建筑物追求对称，文学对称性的极致是什么呢？答案是汉大赋。汉大赋是汉代才流行起来的一种手法夸张、用词华丽的文体。汉赋也是一种摊大饼式的文体。比如最能代表汉赋特色的名篇——司马相如的《上林赋》，写的恰恰是汉代的皇家宫苑。从汉代到清代，中国的皇帝对于房子的追求根本就没有变，就是大。而汉赋的写法也很像这种建筑，很"占地儿"——不，是占篇幅，洋洋洒洒写好长一段，对偶的句子一句接着一句，就像故宫里一间又一间对称的房子。

对称当然是美的，但过分追求对称，也会显得刻板严肃，建筑是这样，文章也是这样。你想，如果你写几百字，每一句话都是对偶，看到街上的每一座房子都是一模一样的对称结构，那多枯燥啊！所以后来汉大赋的创作就越来越少了。后世的散文和诗歌，只是零星地用一些对偶的句子。

古汉语常用字

● 廉则吏不敢慢
　　　　　　轻慢

慢

举一反三

政宽则民慢，慢则纠之以猛。（《左传·昭公二十年》）

啴谐慢易。（《礼记·乐记》）

文学常识

《声律启蒙》

清朝康熙年间车万育所作，是古人训练儿童掌握声韵格律的启蒙读物。按韵分编，串联成文。上下卷共三十个韵目。从单字对到双字对，再到三字对、五字对、七字对、十一字对，由简入繁，循环往复。内容上包罗万象，许多对句中含有大量的历史典故，具有很高的文学价值。类似的读物还有《训蒙骈句》《笠翁对韵》等。

学以致用

对偶是汉语独有的语言形式，常常出现在诗歌、对联中，给文学增加了很多韵味。请你回忆一下，你读过的诗里有哪些对偶的句子很喜欢，或者请你自己写一副对联试试。

比起大团圆的喜剧结局，

悲剧也是一种美，一种更高级的美。

面对悲剧，不是被悲伤打垮，

而是勇敢面对，奋力抗争，就有了悲慨之美。

第五章·悲慨之美

24 / 上古神话的悲剧基调

中国有许多引人入胜的神话故事，比如：盘古开天辟地，从此混沌的世界被分割为天与地；女娲造人，从此世界充满了活力与生气。

我们今天要讲的神话故事，叫作夸父逐日。太阳是那么遥不可及，然而却有一个叫夸父的人，以一己之力去追逐太阳，这到底是怎么一回事呢？

夸父逐日　　《山海经》

夸父与日逐走,入日;渴,欲得饮,饮于河、渭;河、渭不足,北饮大泽。未至,道渴而死。弃其杖,化为邓林。

夸父与太阳赛跑,一直追赶到太阳落下的地方。他感到口渴,想要喝水,就到黄河和渭河去喝水。黄河和渭河的水不够喝,他又到北方的大湖喝水。然而他还没赶到大湖,就半路渴死了。他抛下的手杖,化成一片桃林。

古文今读

夸父逐日是中国古代最著名的神话之一,出自《山海经》。《山海经》是中国现存最早的神话故事集。

我们可以想象一下这个画面:一个顶天立地的巨人大步奔跑着,想要追上太阳。途中口渴了,他就三两步跑到黄河跟渭河边上,一口气喝干了河水。

像夸父逐日这样的神话故事对于人类文明来说非常有意义。在科学观念还没有萌芽的时代，人类主要是靠想象来解释世界的。比如，在中国的创世神话里，我们所了解的盘古开天的故事，太阳月亮、山川河流、地下的矿藏、天上的雨露，都是盘古的身体变来的。再往后，神话还会不断丰富和复杂化，出现越来越多的神话人物和神话故事，用来解释一年四季、刮风下雨、打雷闪电等。

在文明的萌芽阶段，人类的生存环境其实是很严酷的——既有风吹日晒，又有虎豹豺狼。人类最熟悉的是自然，最需要应对的也是自然的考验，所以，描述、解释各种自然现象的起因、场景，就成了远古神话很重要的内容。世界上不同的文明关于自然的不同解释，构成了各自的神话体系。

如果对比一下希腊神话里的神跟中国上古神话里的神，就会发现他们确实存在着很大的差异。希腊神话里大部分的神，并没有那么高大上，他们更像是人，拥有人的个性和特质；他们也会小气，会嫉妒，会偷人家的东西，会像人一样吃吃喝喝、谈情说爱。

但中国的上古神话，全然是一幅慷慨激昂的悲剧画卷。比如夸父，在这么简单的一个故事里，这个巨人勇敢地追逐太阳，呈现的是一种挑战极限的状态。在狂暴的大自然面前，人当然会显得渺小，但并不脆弱。即便最后夸父渴死了，他的手杖也会"化为邓林"。

清代有学者考证，说邓林是桃树林，可也有人不认同。但无论如何，手杖变成树林是肯定的。而从文学鉴赏的角度，大部分人更愿意相信这就是一片桃林。想象一下，春天的时候桃花灿烂；花开过后，还能结出甜美多汁的桃子，那多美啊！夸父虽然渴死了，但是他的手杖却变成了可以滋养别人的桃林，这又是多么令人感动！

为什么会说中国上古神话是慷慨悲歌呢？夸父渴死，当然是悲剧，可它并不是那种哭哭啼啼的悲剧。你想想，这个巨人在大地上咚咚地奔跑，一口气就能喝干黄河水，这是一件多么激情澎湃的事情，更是一种生命的伟大，特别让人震撼。而且，在他生命的最后，他的手杖也要变成桃林。这个结局的美好和浪漫，冲淡了夸父渴死的悲伤。

同样在《山海经》里，还有另外一个故事——精卫填海。这个故事的主角是个小姑娘，她在东海里游玩，淹死了。这个小女娃可不服气，她就变成了一只鸟，白嘴红爪。这么一只小小的鸟，为了报复淹死她的东海，每天叼来西山的树枝、石块，发誓要把东海填平。

精卫填海故事里的小姑娘，跟巨人夸父一样，在与大自然的角逐中，是失败者，甚至失去了生命。但是，他们全都不服输，并用自己的方式抗争。好的悲剧，给人带来的心理震荡就是这样的，它不是让你一直悲伤、难过，而是激发你的勇气。

除了中国，在古希腊文明中，悲剧美学也是一个非常重要的分支。如果做个对比，古希腊的悲剧人物，比如盗火给人类的普罗米修斯、杀父娶母的俄狄浦斯，他们跟夸父一样，都有神力和坚强的意志，但古希腊神话的结尾往往都很悲惨，人类终究抵不过命运，惨遭失败。古希腊悲剧的目的，主要是为了引起人的怜悯和恐惧。

传说普罗米修斯从太阳神阿波罗那里盗走火种，给人类带来了光明，而他因此受到宙斯的处罚，被绑在高加索山上，每日忍受风吹日晒和鹫鹰啄食，后被赫拉克勒斯救出。

有了这个对比，你就会明白为什么我们说中国更推崇的是悲慨；多了一个"慨"字，悲剧就被渲染上了一抹亮色。

古汉语常用字

● 夸父与日逐**走**
　　　　　　跑

举一反三

扁鹊望桓侯而还**走**。（《韩非子·喻老》）

双兔傍地**走**。（《木兰诗》）

走

文学常识

《山海经》

中国先秦的一部志怪古籍，内容主要是民间传说中的地理知识。所载地理、博物、故事、巫术、神话极为丰富，自古号称奇书，影响深远。其中还保存了夸父逐日、精卫填海、大禹治水等不少脍炙人口的远古神话传说和寓言故事。

学以致用

说说看，你更喜欢悲剧结局还是喜剧结局，为什么？

25 千古悲歌易水寒

我们在说到中国的上古神话时，提到了一个词：慷慨悲歌。一个人遇到不幸的事，还有心思唱歌吗？当然可以有。下面，我们一起来读一篇文章。

荆轲刺秦王（节选） 　　《战国策》

太子及宾客知其事者，皆白衣冠以送之。至易水上，既祖①，取道。高渐离击筑②，荆轲和而歌，为变徵③之声，士皆垂泪涕泣。又前而为歌曰："风萧萧兮易水寒，壮士一去兮不复还！"复为慷慨羽声，士皆瞋目，发尽上指冠④。于是荆轲遂就车而去，终已不顾⑤。

1. 祖：出行时祭祀路神。凡是带示字旁的字，多半跟祭祀、宗庙这样的事有关。
2. 筑：战国时期的弦乐器。
3. 徵：读zhǐ，古代五音之一。
4. 冠：帽子。
5. 顾：回头看。

太子和宾客中知道这件事的人，都穿着白衣戴着白冠来给荆轲送行。到了易水河边，祭过路神，就要上路。高渐离敲着筑，荆轲随着节拍唱歌，歌声悲伤委婉，送行的人都流泪哭泣。荆轲又向前走了几步，唱道："风萧萧啊易水寒，壮士一去啊不再还！"这时他的歌声变成了慷慨激昂的调子，送行的人听了，不禁都瞪大了眼睛，头发都竖起来顶起了帽子。于是荆轲就上车走了，始终不曾回头看一眼。

古文今读

  故事发生在战国末期，当时的秦国非常厉害，连续吞并了好多诸侯国。而燕国（现北京和河北一带）完全没有能力对抗强大的秦国。当时燕国的太子丹非常害怕，最后想了个主意，找到刺客荆轲，给他准备了锋利的匕首，请他去刺杀秦王嬴政。

  什么是刺客呢？用我们今天的话来说，就是职业杀手。但在当时，人们所推崇的刺客，不是为了钱就去杀人，而是"士为知己者死"，为了报恩，或者感激赏识自己的人，才去帮委托人行刺。

  这个故事中的荆轲，就是这样一个刺客。荆轲觉得，太子丹这么赏识自己，对自己有知遇之恩，自己就要豁出性命去报答他。在那样的年代，打仗不全凭两军对阵，接近和刺杀对方的主要人物，也是一种制胜的手段。至少荆轲和太子丹觉得，如果刺杀秦王能够成功，燕国的危机就可以化解。这段文字描述的，就是荆轲出发行刺前，众人为他送行的场景。

  首先，我们来看这段经典的"易水送别"，它的悲剧意义是非常浓厚的。这注定是一场不可能再相聚的告别。荆轲不是去秦国旅行，这一去，不管刺杀秦王成功还是失败，他都不可能再活着回到燕国。荆轲知道这一点，去送行的所有人也知道，所以，他们都穿白衣戴白帽。

  那么，这样一场送别，是不是就要抱头痛哭呢？也并没有。大家还是依礼行事。第一件事就是要祭祀路神。

  "既祖"的"既"表"已经"。"祖"是祖父的祖，不过这里可不是名词祖先、祖父，而是一个动词。这个字的偏旁是示字旁，"表示"的"示"。你要留意，凡是有这个偏旁的字，都跟古代的祭祀、宗庙这样的大事有关。比如"社会"的"社","祭祀"的"祀"。那么这个"祖"字是什么意思呢？对，也跟祭祀有关，意思就是祭祀路神。荆轲此一去，有去无回；为国行刺，当然要祭过路神才走，这样表示郑重。

祭祀后，当然少不了送别。古人送别好朋友，会在路上唱歌。你可能很熟悉一句诗："李白乘舟将欲行，忽闻岸上踏歌声。"汪伦来送李白的时候就是唱着歌的。荆轲在朋友们送他的时候也在唱歌，荆轲最好的朋友高渐离则击筑伴奏。筑是战国时期很流行的弦乐器，有点像琴，用竹板来拨弦。高渐离是燕国很有名的琴师。荆轲和着高渐离的拍子，唱起了离别的歌。

因此，在这一段里出现了中国古代的两个音乐名词：变徵和羽。这里说的是乐调的变化，不同的乐调能表现出不一样的情绪。刚开始的时候，荆轲唱的是悲凉婉转、调子低回的歌，但后来，唱到"风萧萧兮易水寒，壮士一去兮不复还"时，他的声音就变得慷慨激昂了。这种音乐情绪的变化，在西洋的交响乐里也同样能感受到。感兴趣的话，可以去听听勃拉姆斯的交响曲。

文中除了祭祀、音乐，还有对人物的描写。因为荆轲慷慨悲歌，前来送行的人都很受震动，说"发尽上指冠"，意思是"头发都竖了起来顶起了帽子"。这当然是夸张的说法，但你大概也有这样的感觉——特别受感动的时候，热血上头，也会觉得头皮发麻，像是头发都竖起来了一样。这句话说的就是这种感觉。

送别仪式结束后，"荆轲遂就车而去，终已不顾"。荆轲于是就上车出发了，再也不回头。在我们的日常生活中，一般的送别，如果依依不舍，离开的人总会频频回头，但荆轲慷慨赴死的决心很大，他横下心来，再也不回头看朋友们一眼。"就"字在古文里，多半用作动词，表示接近。这层含义，我们今天还在使用。比如，运动会上，裁判发令之前，会喊："各就各位！"这就是让每个运动员靠近自己的位置，在自己的位置上准备好。

你看，古人的文章真是厉害，就这么九十四个字，写出了极其感人的送别场景。全篇虽没有一个"悲"字，但送行的人白衣白帽，冷风萧萧，易水寒凉，音乐从悲伤沉郁到慷慨激昂，荆轲离开的时候头也不回……无不体现出"悲"的氛围。这一送别场面，确实称得上千古悲歌。

荆轲这个人，大概是中国文化史上比较早的侠义之士的形象。也许你看过一些武侠小说，武侠小说里的英雄人物，常常有荆轲这样的担当和气魄，为了完成某个使命，他们能够慷慨赴死。他们不是不珍惜自己的生命，而是觉得，这个世界上有一些事情，值得用生命去捍卫、保护和争取。

荆轲刺秦王的结果是什么呢？当然是没有成功。如果成功的话，就没有秦始皇统一中国这一段历史了。但这并不妨碍荆轲的勇气千百年来一直感动着我们，激励着我们。

古汉语常用字

● 于是荆轲遂**就**车而去
  接近

就

举一反三

木受绳则直，金就砺则利。（《荀子·劝学》）

邂逅不如意，便还就孤。（《资治通鉴·赤壁之战》）

文学常识

史书编著体例

编年体：以年代为线索编排相关历史事件，如《左传》。

纪传体：通过记叙人物活动反映历史事件，如《史记》。

国别体：以国为单位分别记叙历史事件，如《战国策》。

学以致用

你有没有跟好朋友、亲人分别的经历？能不能用 200 字写一写离别的场面呢？记得用上环境烘托和细节描写的方法哟！

26 客途和离别最动人

上一讲，我们提到了慷慨赴死的英雄，英雄的悲伤没有那么缠绵悱恻，似乎总是带有几分豪气。那么，在日常生活中，一个普通人的悲伤又是怎样的呢？下面，我们一起来读一篇文章，看看马致远是如何描写普通人的悲伤的。

天净沙·秋思

马致远

枯藤老树昏鸦，小桥流水人家，古道西风瘦马。夕阳西下，断肠人在天涯。

枯藤缠绕着老树，树枝上栖息着黄昏时归巢的乌鸦；小桥下，流水潺潺，旁边有几户人家；在古老荒凉的道路上，秋风萧瑟，一匹疲惫的瘦马驮着我蹒跚前行。夕阳向西缓缓落下，悲伤断肠的人还漂泊在天涯。

古文今读

　　这段文章，出自元代马致远的小令《天净沙·秋思》。这首小令的题目叫"秋思"，"天净沙"是它的曲牌名。和词一样，曲也是可以拿来唱的，曲牌就是一首曲的配乐旋律的谱子，每个人都可以给它填歌词。古代的词和曲都可以唱；脱离了音乐，单看文字，我们都可以把它算作古诗词。

　　其实这首《秋思》，即便我们不知道题目，也能从简单几个词语想象出这幅画面，它描写的是秋天的景色：黄昏，太阳快要落山了，乌鸦落在枯藤缠绕的老树上，小桥边有一座房子。路上，一个孤零零的人牵着一匹瘦马。

　　古人写景，从来都不是单纯描绘景物，而是为了表达情感。怎么才能准确地传达出作者想要表达的感情呢？我们看看马致远是如何描写的。

　　马致远对进入画面的景物精挑细选，而且分成了三组。

　　枯藤、老树、昏鸦是一组，这些画面都很有秋天的氛围，带给人一种萧瑟凄凉的感受。

　　小桥、流水、人家是一组，这六个字看上去平平常常，但恰恰是让人断肠伤心的地方。想想看，黄昏时分，小桥边的人家，一定有炊烟升起，而在路上的人甚至可能还饿着肚子，看到这样的情形，一定会联想起自己的家，这就更难过了。

　　可这样的难过，作者还嫌不够，又添了一笔：古道西风瘦马，这是第三组，刮西风，又一次透露时间是秋天。秋天的黄昏本来就冷，再刮一阵秋风，要多凄凉就有多凄凉。而瘦马最是扎心，一路颠沛流离，即便是从家乡离开的时候喂的壮马肥马，此时也饿瘦了。这个画面是多么凄凉啊！

全篇既没有说一个"秋"字，也没有说一个"思"字，但我们全都能体会到。不仅如此，而且还能体会到文字背后的凄凉愁苦。高明的文学写作就是这样，即便意思没有明说，但用有画面感的文字表达出来，看的人自然就懂了。

这样的画面，也许会让我们引起某种联想，在某个黄昏，一个人身在远方，心里有点难过。那句"断肠人在天涯"仿佛在心中击打着。从"在天涯"三个字，你就可以知道，这个人一定是离家很远了。在路途上的奔波，远离家乡的孤独和无助，再加上夕阳西下，黄昏时分的环境烘托，自然就要"断肠"了。

汉语说悲伤难过，夸张的说法会说肝肠寸断，或者心痛、心碎。现代医学研究证明，悲伤确实能引起身体，尤其是心脏、背部、胸部的真实痛感。古文的精妙之处就在于，它先于医学报告，已经敏感地捕捉了这种身体的感受。

在古文和古诗里，描写人在旅途的内容非常多，这首《天净沙·秋思》就是其中的杰作。如果说"风萧萧兮易水寒"表现的是一种慷慨激昂的英雄情怀；那么在古道西风中漂泊天涯的断肠人，表现的则是另一种悲剧感。旅途中的孤独感，对家乡亲人和朋友的思念，是古文、古诗里很常见的题材。这些都是普通人的情感。

清代词人纳兰性德于康熙二十一年（1682年），在行军途中创作了一首词：

山一程，水一程，身向榆关那畔行，夜深千帐灯。

风一更，雪一更，聒碎乡心梦不成，故园无此声。

词中描写了将士对故乡的思念，语言淳朴而意味深长。"夜深千帐灯"一句取景新颖豪壮，深受王国维赞赏。

其实，就连大家最熟悉的那首《静夜思》，也是这样的："床前明月光，疑是地上霜。举头望明月，低头思故乡。"前面所有的景物铺垫，都是为了说最后这一句"低头思故乡"。这跟"断肠人在天涯"的笔法是一样的。

离开了家乡，离开了熟悉的地方，离开了亲人朋友，当然就会有告别的时刻。南朝的文学家江淹专门写过一篇《别赋》。这个题目用现代汉语来说，就是《关于告别》。开篇第一句，他就下了一个判断："黯然销魂者，唯别而已矣！"意思是能让人神情黯淡、失魂落魄的，只有离别。

中国历史上有许多著名的告别，譬如前面提到的荆轲刺秦王和告别汪伦，一个是一场再也不会相见的告别，而一个因为是朋友送别，所以动人且有少许悲伤。

也许你会觉得，古人有些婆婆妈妈。除了荆轲那种生离死别，平常人告别一下，哪有那么夸张？但我们读古文、古诗，有时候得放到当时的背景下去考虑。

生活在现代的人，买一张飞机票，大约十个小时就能从北京飞到巴黎；即使去大洋彼岸的纽约留学，你也能随时用微信、视频跟家里人保持联络。但我们过上这样的生活，连一百年都不到。而在古代，人们交通不便，更没有这些通信设备，是很难跟自己的亲人保持联络的，何况出行会面对各种复杂的情况。这样的离别，少则几个月、几年，多则十年、几十年。因为不见，才会想念；因为艰辛，才会愁苦；因为孤独，才会悲伤。放到这个背景下，你就会对古诗文里的告别和旅愁，有更深的理解。

除了感人肺腑的情感，《天净沙·秋思》还体现了汉语文学一个很重要的特色。

"枯藤老树昏鸦，小桥流水人家，古道西风瘦马"。这前三句只有九个名词，完全没有动词。只有名词而没有动词，营造了一种生动的画面感。同时，因为动词不确定，也就留下了很大的想象空间，这恰恰就是诗的语言。

其实在汉语文学里，这种由名词构成的诗句还有不少，比如"鸡声茅店月，人迹板桥霜"[①]，这句诗就包含了六个名词：鸡声、茅店、月，人迹、板桥、霜，又比如"楼船夜雪瓜洲渡，铁马秋风大散关"。以后再读古诗，你也可以留意一下，这类诗句往往都会是一首诗里的名句。在我们的成语里，也特别喜欢把几样东西罗列在一起，表示更丰富的意思，比如笔墨纸砚、柴米油盐、亭台楼阁等。

不同名词的组合，完全有可能营造出非常不一样的氛围。

比如，我曾经模仿马致远，也填过一首《天净沙》：

暖炉明灯沙发，矮桌曲奇红茶，陋室偏厅小画。闲书一架，铲屎官换猫砂。

也许你已经听出来了，我说的是冬天，在屋里，又舒服，又温暖。

[①] "鸡声茅店月，人迹板桥霜"一句出自唐代诗人温庭筠的诗作《商山早行》，全诗为："晨起动征铎，客行悲故乡。鸡声茅店月，人迹板桥霜。槲叶落山路，枳花明驿墙。因思杜陵梦，凫雁满回塘。"这首诗语言明净，情景交融，含蓄有致，苏东坡亦"叹为绝唱"。

文学常识

曲与曲牌

曲,是韵文文学的一种,同词的体式相近,可以配乐歌唱。曲牌,是曲的调子的名称,常常写在牌子上,故称为曲牌。"天净沙""山坡羊""点绛唇"都是著名的曲牌名。曲牌大都来自民间,一部分由词发展而来,故曲牌名也有与词牌名相同的。有的曲牌有调无词,只供演奏。

词牌和词题

词过去是可以配乐演唱的。词牌名就是一首词的词谱,它决定了这首词的句数、字数和声韵。词牌名是固定的,如"菩萨蛮""念奴娇""卜算子"等。词题是作者自己添加的,或概括词的内容,或交代时间、地点、写作动机等。例如《沁园春·雪》这首词,"沁园春"是词牌,"雪"是词题。

学以致用

马致远的《天净沙·秋思》,仅用短短几十个字,便写出了这样入骨的悲伤。普通人的悲伤不一定非要痛哭流涕,而是在某一个瞬间,某一件物品,就能准确无误地击中你的心房。你不妨也试一试,用这样一种格式,来写一写你熟悉的生活场景。

27 求之不得，最是难忘

每个人的生命里，都会有那种很喜欢某个人或者某样东西，却因为各种各样的原因而得不到的情况。那种情况下，你也会感到失落和难过吧？有了对悲剧的理解，一个人的生命就丰富了。让我们走进《诗经》，看看古人是如何描写这种得不到的悲伤的。

蒹葭　　《诗经》

蒹葭①苍苍，白露为霜。所谓伊人，在水一方。溯洄从之，道阻且长。溯游从之，宛在水中央。

1 蒹葭：芦苇。

河边芦苇密又繁，秋深露水结成霜。意中之人在何处？就在河水那一方。逆着流水去找她，道路险阻又太长。顺着流水去找她，仿佛她在那水中央。

古文今读

这首诗歌出自《诗经》。《诗经》是中国现存最早的诗歌总集。这首《蒹葭》，就是其中非常有名的一首。

我们可以想象这样的一个画面：秋天的水面上，大片的芦苇已经开花了；有个人影，模模糊糊站在河对岸。那么近，又那么远，想要到她的身旁，非常不容易。

为什么说这段文字描写的是秋天呢？因为"白露为霜"，白露变成了霜。结霜的天气，说明已是深秋了，这里很好地点明了时间。

秋天会给人带来悲伤、凄凉的心理感受。开篇两句"蒹葭苍苍，白露为霜"，就给整首诗营造了这么一种朦胧、清冷的意境。蒹葭就是芦苇，芦苇迎风飘摇，河边风凉水冷，思念的人求之不得。这样的情景，即便是两千多年前的人的悲伤和遗憾，今天的你跟我也都能体会到，因为我们自己也大都有过这种求之不得的经历。

求之不得，当然是一种苦。佛教把它跟生、老、病、死并列，作为人生八苦的一种。人很害怕这种求之不得，总想追求完美，付出就想有回报。但你想过没有，如果你有所求，要求必有所得，没有遗憾，就算你追求的东西得到了，这些东西还会让你觉得那么美、那么好吗？

所以，人的心理是很矛盾的，越是求之不得的东西，就越是放不下，越是难忘。求不到，反而是一种人生动力，逼着你"溯洄从之""溯游从之"。

而"所谓伊人"，并没说"伊人"是哪里人，什么样子，多大了。甚至没说是男是女，就是那么一个远远地站在芦苇深处的影子。这正是这首诗的高明之处。因为形象不具体，反而可以唤起每个人心里的映射。伊人可以是一个人，也可以是一件东西，甚至是抽象的理想。

这恰恰是能引起今人和古人共鸣的地方——不管什么时候，在什么地方，有一样可望而不可即的东西，只要你有追求、有阻隔、有失落，你就符合了《蒹葭》描述的这个情景。

另外，这首诗的美，美在起头的两个字——蒹葭。其实蒹葭就是芦苇，但如果把诗里的蒹葭替换成芦苇，"芦苇苍苍，白露为霜"，为什么就没那么美了呢？

首先，因为我们非常熟悉芦苇，而陌生更能带来美感。其次，"蒹葭"这两个字的声母是一样的，我们叫它双声。

"蒹葭"两个字拆开讲，每个字都没什么意思，必须合在一起，才能表示一个完整的意思——芦苇。这是汉语里很有趣的一个构词法。汉语当中还有不少这样的联绵词，比如仿佛、崎岖、琵琶、吩咐等。因为两个字声母相同，念起来就有一种特别的韵味。所以"蒹葭"这个词，就比芦苇要诗意得多。

这样的联绵词的构成，除了双声，还有叠韵。叠韵就是两个韵母相同的字组成一个词，比如葫芦、苍茫、淅沥、蹒跚等。

双声词和叠韵词，两个字因为有相同的声母或者韵母而连在一起用，在变化中又有重复，就有了一种韵律感。你想想自己唱过的歌，是不是总有重复的副歌和那些交替变化的段落？我们说诗歌，诗和歌是不分家的。双声词和叠韵词在诗词里特别常见，就是因为它能增加语言的音乐性，也增加了诗词的韵律美。

古汉语常用字

● 溯洄从**之**，道阻且长
　　　代词

举一反三

名**之**者谁？太守自谓也。（《醉翁亭记》）

闻水声，如鸣佩环，心乐**之**。（《小石潭记》）

文学常识

双声词和叠韵词

双声词：指双音节词的两个字的声母相同。例如慷慨、踌躇、犹豫。

叠韵词：指双音节词的两个字的韵母相同（韵头可以不同）。例如缠绵。

学以致用

你有什么求之不得的事？能不能写下来呢？你还发现了哪些像"蒹葭"这样的双声词？也写一写吧。

28 英雄是怎样炼成的

提起英雄，你会想到什么呢？在我们中国的历史长河中，出现过许多英雄。也许你想象中的英雄是骑着战马，在战场上浴血奋战的人；又或者是身穿防弹衣，行走在枪林弹雨中的人。但是有的英雄，并没有那么热血的一生，他们也许只是在某个角落，鞠躬尽瘁，完成了一生的事业。接下来，我们一起来走进这篇文章，认识这些英雄。

太史公自序（节选） 《史记》

昔西伯拘羑里，演《周易》；孔子厄陈、蔡，作《春秋》；屈原放逐，著《离骚》；左丘失明，厥有《国语》；孙子膑脚，而论兵法；不韦迁蜀，世传《吕览》；韩非囚秦，《说难》《孤愤》；《诗》三百篇，大抵贤圣发愤之所为作也。

从前周文王被囚禁在羑里，推演出了《周易》；孔子在陈国和蔡国受困，编写了《春秋》；屈原被楚怀王放逐，写下了《离骚》；左丘明眼睛失明，这才有了《国语》；孙膑被人挖掉了膝盖骨，于是他研究兵法；吕不韦被赶到蜀地去，后世开始流传《吕氏春秋》；韩非被囚禁在秦国，才诞生了《说难》《孤愤》这两篇文章；《诗经》三百余篇，大多是古代的圣贤之人为抒发胸中的愤懑之情而创作的。

古文今读

  这段话很值得背下来,虽然字数在一百字以内,但把中国汉代以前几部重要的文化典籍,连作者带书名,甚至包括写作背景,全都交代了一遍。

  司马迁提到的这九部作品、七位作者,你可能现在还记不住书的名字,不知道作者的作为。但你要记住这段话的核心思想:伟大的作品,都是作家经受了非人的考验才写出来的。这段话出自司马迁为《史记》写的序,所以,背后还有一句没说出来的:我太史公,经历了人生那么大的苦痛和折磨,写的这部《史记》,也必将跟那些经典一样,成为传世之作。

  提到司马迁和《史记》,也许你都不陌生。司马迁是汉武帝时的一个史官,叫太史令。后来他因为替投降匈奴的将军李陵说好话,惹恼了皇帝。为了完成父亲司马谈的遗愿,司马迁忍受了极大的痛苦和屈辱,接受了宫刑,保住了性命,最终完成了五十二万余字的史书《史记》。

  《史记》被鲁迅先生称赞为"史家之绝唱,无韵之离骚"。这个评价同时肯定了这本书的史学价值和文学价值。司马迁列举出那么多著名作家承受过的考验,是因为他觉得正是那些考验,成就了这些作品的伟大。而他自己也是为了一部伟大的作品,宁可忍受常人难以想象的痛苦。下面我们一起来看一看这段话提到的这些作者。

  第一个人是周文王。他是商朝末年周族的首领,因为不满商纣王的暴政,被关了七年。传说他把八卦推演成了六十四卦,这才有了后来的《周易》。

  孔子我们就很熟悉了,他带着学生东奔西走,在陈国和蔡国受困,断粮七天，差点就饿死了。但恰恰是在这么颠沛流离的境况下，孔子修订了鲁国的国史《春秋》。其实，不光是《春秋》，孔子还编辑整理了《诗经》《尚书》《礼记》等书。

第三个人是屈原，他是中国第一个有名有姓的诗人，更是楚国的贵族。为了振兴国家，他积极辅佐楚王变法图强，却因为小人的谗言被流放到了汉北，最终怀着一腔忧愤投江自尽。可以说，《离骚》是他用生命写下的长诗，他的理想、热情和痛苦都寄托其中。

左丘明是春秋时期的一个史官，跟司马迁的工作一样，孔子很欣赏他。相传左丘明做史官的时候，就编撰了《左传》，这是中国第一部编年体史书。这本来已经是很大的成就了，但是到了晚年，左丘明的眼睛出了毛病，不得不辞官回家，没过多久就双目完全失明。这本来是人生中的大不幸，可左丘明不但没有消沉，反而把自己做史官几十年的所见所闻、春秋时期各个诸侯国的大事，还有各国君臣的得失都记录下来。这本书叫《国语》，相传为左丘明著。

韩非是战国时期韩国的贵族，他确实有些倒霉。他的主张在韩国不受君主赏识，所以就只能埋头写文章，后来又被派遣出使秦国。本来秦王很欣赏韩非，但他又遭到别人的嫉妒和陷害，不但被关进了监狱，而且最后被逼服毒自尽，再也没有回过家乡。这样经历坎坷的人，却留下了《说难》《孤愤》这样的好文章。

这些故事听下来，你是不是也可以得出结论：伟大的作品，没有一部是轻轻松松写出来的。

其实，关于"被考验"这句话，孟子还有一段名言：

故天将降大任于是人也，必先苦其心志，劳其筋骨，饿其体肤，空乏其身，行拂乱其所为，所以动心忍性，曾益其所不能。

  这也是同样的意思，而且孟子更加明确地说，上天想要给谁派个大任务，一定会考验他，让他挨饿受冻，折磨他的身体，让他变得很不得意，还故意让他心烦意乱。只有经历这些，一个人才能成为英雄。

  也许你会觉得古人的故事太过遥远，其实我们身边也有这样的人。

  你可能读过《哈利·波特》系列小说，或者看过由小说改编的电影。那么，你听过小说作者J.K.罗琳的故事吗？

  《哈利·波特》系列小说，从第一部到第七部出版，总共用了十年时间。后来罗琳越来越成功，成了全球富有的女作家。

  可是，这个系列小说的第一部《哈利·波特与魔法石》，她总共写了五年。在这五年中，她的母亲生病去世，父亲跟她形同陌路。她自己呢，作为一个单亲妈妈独自带着女儿生活。因为自己家的屋子又冷又小，不得不到家附近的咖啡馆里写作。而且，即便故事写完，很多出版社也都拒绝了这本书。可即便如此，她仍然是个没有被生活打垮的英雄。

  也许你看过好莱坞的那些英雄电影，无论是超人、蜘蛛侠，还是钢铁侠，即便他们有超能力，也都要经历敌人的诱惑、队友的误解、生命的挑战。之所以要讲究考验和磨炼，是因为大家相信，没有谁能随随便便成功。只有经过这些磨炼，英雄才能用坚忍获得他原来所不具备的能力。

  所以你看，不管是在现实中，还是在虚构的电影和小说里，英雄的诞生都要经过层层的磨炼。

文学常识

《史记》

由司马迁历经十四年完成的一部纪传体通史，它记载了上至黄帝时代，下至汉武帝太初四年间共 3000 多年的历史。《史记》全书包括十二本纪（记历代帝王政绩，如《项羽本纪》）、三十世家（记诸侯、勋贵兴亡，如《陈涉世家》）、七十列传（记重要人物的言行事迹，如《刺客列传》）、十表（大事年表）、八书（记各种典章制度、音律、历法等）。《史记》被列为"二十四史"之首，与后来的《汉书》《后汉书》《三国志》合称"前四史"。

学以致用

司马迁在自序里提到的孙膑和吕不韦，他们受过什么磨难我没有在文中提到，你可以查查资料，和大家分享。